УЧИМ ФРАНЦУЗСКИЙ

ЦЕЛЬ - ИНОСТРАННЫЕ ЯЗЫКИ

УЧИМ ФРАНЦУЗСКИЙ

УРОВЕНЬ ДЛЯ НАЧИНАЮЩИХ
→ A2

Victoria Melnikova Suchet
Виктория Мельникова Сюше

КОЛЛЕКЦИЯ

ЦЕЛЬ - ИНОСТРАННЫЕ ЯЗЫКИ

ОБЩЕЕВРОПЕЙСКАЯ КЛАССИФИКАЦИЯ ДЛЯ ОЦЕНКИ УРОВНЯ ВЛАДЕНИЯ ИНОСТРАННЫМ ЯЗЫКОМ.

Когда мы, можем сказать, что «говорим» на иностранном языке? Когда мы утверждаем, что наша речь «правильна»? Или же мы можем заявить, что свободно владеем иностранным языком? Это вопрос долгих и упорных дискуссий учёных-лингвистов и представляет собой тему упорных академических споров. Возможно, вопрос этот не представлял бы особого интереса, если бы в наши дни зачастую не требовалось подтверждения уровня языка, например в момент трудоустройства.

Именно по этой причине Совет Европы в 2001 году создал систему CEFRL – Common European Framework of Reference for Languages – систему уровней владения иностранным языком. Основной задачей данной инициативы была разработка оценки языкового уровня, которая была бы применима ко всем языкам, преподаваемым на территории Европейского союза, и могла бы существенно облегчить процесс обучения им. Другой целью введения CEFRL было поощрение жителей Европы более активно путешествовать по обмену в рамках учёбы или работы в другой стране, а также упорядочить систему тестирования, так как в конце XX века были распространены многочисленные частные тесты, не имеющие закреплённой общей основы и созданные для каждого языка по отдельности.

Прошло более 20 лет с момента запуска программы CEFRL, и за этот период она доказала свою эффективность не только в Европе, но и по всему миру: сегодня спецификации и единые критерии существуют для 39 языков. Преподаватели, разработчики курсов и пособий, менеджеры по работе с персоналом и компании используют эту единую нормативную систему для оценки уровня владения языком.

6 УРОВНЕЙ CEFRL

CEFRL разделяется на 3 общих уровня и 6 компетенций:

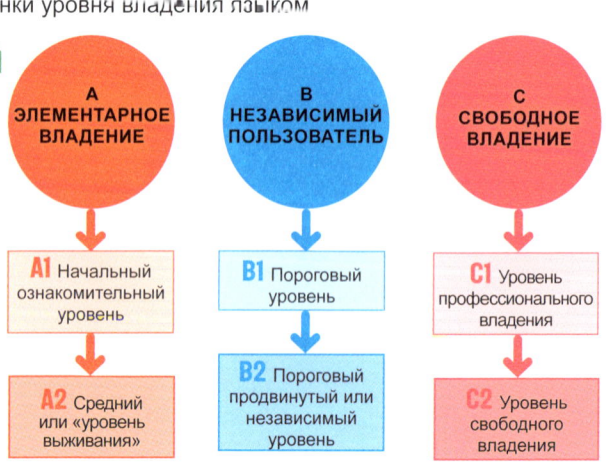

Каждый из уровней компетенции содержит детальное описание языковых навыков.

- Навыки разговорной и письменной речи
- Навык восприятия устной и письменной речи
- Навык разговорного и письменного взаимодействия
- Навык лингвокультурной медиации (объяснение, уточнение, суммирование и тп)
- навык невербальной коммуникации

Данный курс акцентирует внимание на развитии базовых навыков восприятия речи (в большей степени) и говорения (в меньшей). Другим навыкам, таким как письменной коммуникации, восприятию невербальных сигналов речи, вам предстоит обучиться на следующих ступенях посредством взаимодействия с носителями языка.

ЯЗЫКОВЫЕ КОМПЕТЕНЦИИ УРОВНЯ А2

- понимать отдельные предложения и часто встречающиеся выражения
- читать короткие тексты и находить информацию на простые и бытовые темы
- понимать короткие простые личные письма
- разговаривать на простые бытовые темы
- уметь описывать семью, людей, свою жизнь, образование и профессиональную деятельность в простых фразах
- уметь записывать короткие простые сообщения и заметки

Большинство методик для самостоятельного изучения иностранного языка ориентировано на достижение одного из уровней по классификации CEFRL, обычно В2, но лишь немногие были написаны с учётом данных требований.

Будьте внимательны при прослушивании диалогов, чтении и понимании грамматических объяснений, выполнении упражнений, следуйте всем указанным требованиям книги и, по окончании пособия, вы достигнете уровня А2. Тем не менее, реальная работа начнётся, когда вы перевернёте последнюю страницу книги. Ведь именно тогда вы сможете самостоятельно погрузиться в язык, используя любую возможность для общения с носителями языка, вооружившись приобретёнными знаниями и навыками. Данное пособие – первый шаг на пути к дальнейшему совершенствованию языка.

УЧИМ ФРАНЦУЗСКИЙ

СОДЕРЖАНИЕ

- АЛФАВИТ
- ПРОИЗНОШЕНИЕ
- НЕПРОИЗНОСИМЫЕ ОКОНЧАНИЯ
- ДИФТОНГИ
- РОД СУЩЕСТВИТЕЛЬНЫХ

ВВЕДЕНИЕ

Франкоговорящих стран намного больше, чем может показаться на первый взгляд.

На французском языке – родном и официальном – говорят в более чем 30 странах: во Франции, в некоторых департаментах Бельгии и Швейцарии, в Люксембурге, Монако, Андорре, на Сен-Пьере-и-Микелоне, Гваделупе и Мартинике, во Французской Гвиане и на Реюньоне, во Французской Полинезии, Майотте и Вануату, Новой Каледонии, Уоллисе и Футуне и, конечно же, в Квебеке.

Есть страны, для которых французский является официальным языком, то есть на нём в данных странах ведётся преподавание в учебных заведениях: в Бенине, Буркина-Фасо, Бурунди, на Коморских Островах, в Кот-д'Ивуар, в Габоне, Гвинее, Камеруне, на Мадагаскаре, Мали, Мавритании, Нигере, Сенегале, Чаде, Того, Заире и в Центроафриканской республике.

Французский служит также языком общения в таких странах, как Алжир, Тунис, Ливан, Камбоджа, во Вьетнаме, Лаосе, на острове Маврикий, где язык сохранился «благодаря» бывшему статусу колониального языка. В некоторых регионах французский язык является одним из местных языков, например: в Джерсии, итальянском Валь-д'Аосте и американской Луизиане. Разумеется, родные языки этих регионов наложили отпечаток на французский, в него проникли чуждые ему слова, а произношение и интонация слегка изменились, но всё-таки он остаётся узнаваемым французским языком.

ПРОИЗНОШЕНИЕ И УДАРЕНИЕ

К сожалению, французский язык не произносится так, как пишется – некоторые сочетания букв приобретают особенное произношение в зависимости от тех букв, которые предшествуют им или следуют за ними. Во французском языке есть особые и непривычные для нас «носовые» звуки, а также сочетания букв, дающие единый новый звук. В предисловии мы максимально объясняем данные особенности, поэтому настоятельно советуем вам внимательно изучить эту главу перед тем, как перейти к основным главам учебника.

Французский язык принадлежит к группе романских языков (как например, итальянский или испанский) и использует латинские буквы, которые вы наверняка знаете – если не все, то большинство из них.

Для того чтобы овладеть хорошим французским произношением, необходимы две вещи.

Во-первых, нужно запомнить базовые правила французского чтения, которые изложены ниже, а также в фонетических объяснениях после каждой главы.

Во-вторых, вам однозначно поможет регулярное прослушивание аудиозаписи, которая прилагается к книге. Чем чаще и внимательнее вы будете слушать диалог, а также пытаться повторить звуки и слова, тем лучше вы будете усваивать материал и произносить слоги, слова, а затем и фразы на французском языке. Совсем скоро вы сможете построить простые фразы и начать общаться с носителями языка, смотреть телевидение и слушать радио на французском. Это несомненно повлияет на ваше произношение и понимание языка. Чем больше у вас будет «контактов» с языком, тем быстрее пойдёт прогресс! Пытайтесь читать диалоги вслух или отрабатывать объяснённые ниже правила произношения звуков, прослушивая аудиозапись и повторяя снова и снова.

Обратите внимание, что ниже приводится произношение отдельных слов, но оно может немного изменяться во фразе при контакте с другими словами. Слушая аудиозапись и встречая уже знакомые слова, сравнивайте их произношение и повторяйте за дикторами.

Запомнив базовые правила чтения, вы без труда сможете читать самостоятельно, не прибегая к транскрипции, которая в любом случае не гарантирует вам 100% соответствия оригинальному произношению.

Исходя из вышесказанного, мы предлагаем вам упрощённую транскрипцию только в предисловии, чтобы объяснить некоторые не существующие в русском языке звуки, и в отдельных случаях в книге, для более яркой иллюстрации конкретных примеров.

Предлагаемый вам перевод диалогов является примерным и, хоть и не дословным, но наиболее близким к значению французской фразы. В квадратных скобках даны слова, не присутствующие во французском тексте, но необходимые для понимания фразы по-русски. Слова в обычных скобках являются прямым переводом, зачастую подчёркивающим структуру французской фразы.

УДАРЕНИЕ

Во французском языке ударение всегда падает на последний слог. Проще простого! Однако безударные гласные не редуцируются.

АЛФАВИТ

Во французском алфавите 26 букв:

a а	g жэ	m эм	s эс	y игрэкь
b бэ	h аш	n эн	t тэ	z зэд
c сэ	i и	o о	u «ю» *	
d дэ	j жи	p пэ	v вэ	
e œ	k ка	q кю	w дубль вэ	
f эф	l эль	r эр	x икс	

* (смотреть объяснение в разделе «гласные»)

ГЛАСНЫЕ

Произношение некоторых гласных зависит от диакритических знаков, то есть значков, которые ставятся над (и один под) буквами для различения произношения или же смысла слова: **a, à, â, e, é, è, ê, î, ô, ù, û** и т.п.

Всего подобных знаков 5, последний используется только с буквой с:

é - **e accent aigu**

è - **e accent grave** (над буквой **a** он не влияет на произношение, а имеет смыслоразличительную функцию)

ê - **e accent circonflexe**

ë - **e tréma** (две точки над гласной дают последней самостоятельное звучание, отделяя её от предыдущей гласной)

ç - **c cédille** (перед гласными a, o, u , перед другими гласными буква **c** итак даёт звук с)

a, **à** a: **ami** ами, друг

â глубокое, произносящееся на том же уровне, что и русское у: **âne** ан, осёл

e œ несуществующий в русском языке звук. Примерное произношение: произнесите русское у, а затем не меняя положения губ, произнесите э. В нашей примерной транскрипции мы отметим этот звук двумя буквами œ, но не произносите их одну за другой. Это лишь условное обозначение. Внимательно прослушайте запись этих слов:

le	лœ (приближается к лё)	артикль мужского рода	je	жœ	я
de	дœ	предлог	jeton	жœто~	жетон

e э: перед двойной согласной: **belle** бэль, красивая, и не произносится на конце слов: **rue** рю, улица.

é, **er**, **e**, **ez** э закрытое, как после ж:

nier	ние	отрицать	été	этэ	лето

Чтобы наиболее верно произнести эту букву, необходимо… улыбнуться! Да-да, растягивайте губы в улыбке (губы должны быть немного напряжены), как будто вы хотите произнести длинное «ииииии», но при этом произносите э.

è, **ê** э открытое:

mère	мэр	мать	tête	тэт	голова

i, **î** и:

lit	ли	кровать	gîte	жит	дом, жилище

В слове **gîte** буква и произносится мягче, чем в русском после буквы ж.

o, **ô** о:

poli	поли	вежливый	hôtel	отэль	гостиница

Внимание: в слове **hôtel** отэль даже без ударения буква **o** произносится чётко, не превращаясь в а.

u приближена к русской ю. Чтобы правильно произнести французский звук u, язык должен быть в том же положении, что и при произнесении русского звука «и», а губы вытянуты вперёд, как для произнесения звука «у», но сильно напряжены: **mur** мюр, стена; **une** *юн, артикль женского рода (внимание, в начале слова звук не меняется, как в русском языке, соответственно не появляется звук й).

Сравните следующие примеры, попытайтесь не только услышать разницу, но и повторить каждое слово:

nu	ню	голый	nous	ну	мы
rue	рю	улица	roue	ру	колесо
tu	тю	ты	tout	ту	всё

y и: **type** тип, тип; й между двумя гласными: **payer** пэйе, платить.

СОГЛАСНЫЕ И СОЧЕТАНИЯ СОГЛАСНЫХ

Французские согласные достаточно просты для русскоязычного человека, поэтому мы остановимся лишь на тех, которые отличаются от русских или же меняют своё произношение в зависимости от их положения в слове.

c сэ – перед **e** или **i** с: **ceci** соеси, это;

к – во всех других случаях (также на конце слова в большинстве случаев): **cactus** кяктюс, кактус. Обратите внимание, что в транскрипции мы обозначили «а» как «я». Дело в том, что французский звук «к» несколько мягче русского.

ç с: **ça** са, это (без значка **ca** читалось бы ка).

ch ш: **chat** ша, кот; в некоторых словах, в основном это слова, пришедшие из греческого языка, произносится к (заметьте, что перевод этих слов на русский начинается на букву х):

| **chrétien** | крэтье~ | христианин | **chronique** | кроникь | хроника |

g ж перед **e** или **i**: **girafe** жираф (и после ж не является твёрдой, как в русском языке, произносится настоящий звук и), жираф;

г во всех других случаях: **glace** гляс, мороженое;

перед гласной сочетание букв **gu** произносится г: **guerre** гер, война.

gn нь: **signe** синь, знак.

h не произносится (если только рядом нет **c**, что даёт сочетание **ch**, которое мы видели выше):

| **héros** | эро | герой | **chaos** | кяо (я – между я и а) | хаос |

Необходимо различать два вида непроизносимого **h**. Первое – **h muet** немое, которое сливается с впереди стоящим словом (например, происходит усечение определённого артикля, предшествующего слову). Прослушайте:

| **l'heure** | лёр | час | **cet homme** | сэтом | этот мужчина |

Второе – **h aspiré** придыхательное (но которое также не произносится!). Оно имеет разделительную функцию между словами:

| **le héros** | лё эро | герой | **les haricots** | ле арико | фасоль |

j ж: **je** жœ, я.

l л (произносится мягко, но твёрже, чем в слове «ляля»): **malade** маляд, больной.

ph ф: **phare** фар, маяк.

q, **que** к на конце слов произносится мягче, чем русское к:

| **coq** | кокь | петух | **masque** | маскь | маска |

r р: знаменитый французский р! Звуку нет аналога в русском языке, он произносится глубоко в горле, а кончик языка упирается в нижние зубы. Он напоминает звук, получающийся при лёгком полоскании горла… Прослушайте следующие примеры и попытайтесь произнести слова:

rôle	роль	роль	**drôle**	дроль	забавный
rue	рю	улица	**au revoir**	ороевуар	до свидания
tard	тар	поздно	**ride**	рид	морщина

s с: в начале слова, перед или после согласной **salade** саляд, салат; **liste** лист, список;

з между двумя гласными: **sosie** сози, двойник;

не произносится в конце слова, за исключением некоторых слов: **bas** ба, низкий; **phares** фар, маяки; но **bus** бюс, автобус.

двойная **ss** – всегда с: **saucisse** сосис, сосиска.

sc ск перед **a**, **o**, **u**: **escalier** эскалье, лестница; с перед **e** или **i**: **scie** си, пила.

t, **th** т:

| **terre** | тэр | земля | **thé** | тэ | чай |

t произносится с перед **i**:

fraction	фраксьо~	дробь
démocratie	дэмокраси	демократия
national	насьональ	национальный

Однако если перед **t** стоит **s**, то буква произносится т:

| **question** | кестьо~ | вопрос | **amnistie** | амнисти | амнистия |

Произношение сохраняется также в глагольных формах с окончаниями с буквой и:

| **nous notions** | ну нотьо~ | мы записывали | **vous portiez** | ву портье | вы носили |

Наконец существуют также некоторые исключения. Например:

chrétien	крэтье~	христианин	moitié	муатье	половина
amitié	амитье	дружба	pitié	питье	жалость

w (употребляется в заимствованных словах): в **wagon** ваго~, вагон; у **watt** уат, ватт; **whisky** уиски, виски.

x кс: **maximum** максимом, максимум;

между гласными – гз: **exercice** егзэрсис, упражнение;

обычно не произносится на конце слов: **prix** при, цена; кроме некоторых слов: **six** сис, шесть.

z з: **zéro** зэро, ноль; обычно не произносится на конце слов: **parlez** парле, говорите.

СОЧЕТАНИЯ ГЛАСНЫХ.

Согласные и сочетания согласных мы объединили в одну главу, а сочетания гласных предлагаем вам отдельно, так как они образуют больше необычных слияний.

ai, **eai**, **ei** э:

jamais	жамэ	никогда
tu nageais	тю нажэ	ты плавал
neige	нэж	снег

ail, **aille**, аï ай:

travail	травай	работа	paille	пай	солома	aïoli	айоли	соус айоли

ay эй: **paye** пэй, оплата; в некоторых словах ай: **papaye** папай, папайя.

eil, **eille** эй: **pareil/pareille** парэй, одинаковый/вая.

ille ий: **béquille** бэкий, костыль;

кроме некоторых исключений, где это сочетание даёт звук иль:

ville	виль	город	mille	миль	тысяча	tranquille	тра~киль	спокойный

au, **eau** глубокое о: **auto** ото, авто; **beau** бо, красивый.

Звуки **eu**, **œ** (интересная буква, которая состоит из двух сливающихся букв на письме), **eû** произносятся по-разному. Они не существуют в русском языке, и в транскрипции мы обозначим их одинаково: ое. Попробуйте произнести примерно звук е, который вы видели выше: произнесите русское у, а затем не меняя положения губ, попробуйте произнести э. Речь идёт о примерном и ни в коем случае не идеальном произношении. Прослушайте аудиозапись и попытайтесь повторить этот звук:

| peu | пое | чуть-чуть | sœur | соер | сестра | jeûne | жоен | голодание |

euil, **euille** ой: **écureuil** экюроей, белка; **feuille** фоей, лист.

oi, **oê**, **oy**, **oe ya**:

trois	труа	три	loyer	луайе	арендная плата
poêle	пуаль	сковорода	moelle	муаль	спинной мозг

ou, **oû**, **où** у: **roue** ру, колесо; **ragoût** рагу, рагу; **où** у, где.

Во французском языке есть также многочисленные исключения, как например, **août** ут, август.

НОСОВЫЕ ЗВУКИ

Вы, конечно же, наслышаны о французских носовых звуках, да-да, тех, которые произносятся «в нос». Некоторые думают, что в их произношении сильно помогает насморк, но это совсем так, и если у вас заложен нос, правильно произнести такой звук будет просто невозможно. Эти звуки достаточно сложные, но не стоит беспокоиться: на юге Франции, например, произношение резко отличается от «центрального» парижского, и носовые звуки произносятся на свой манер. Постарайтесь следовать нашим советам в произношении, и у вас всё получится!

Давайте познакомимся с носовыми звуками поближе. При произнесении носового звука воздух проходит одновременно через нос и рот. Носовые звуки представляют собой сочетания гласных с **m** и **n**: **am**, **an**, **em**, **en**, **im**, **in**, **om**, **on**, **um**, **un**, **aim**, **ain**, **eim**, **ien**. Наш совет: зажмите между зубами два пальца и произнесите **am** или **an**. Звук пройдёт через нос, препятствуя чёткому произнесению **m** и **n**, и у вас получатся те самые носовые звуки. В нашей транскрипции мы обозначим эти звуки таким образом: гласная и значок ~, ведь m и n как таковые не произносятся.

А теперь потренируйтесь на других буквосочетаниях.

an, **am**, **en**, **em** а~: **enfant** а~фа~, ребёнок; **quand** ка~, когда; **maman** мама~, мама.

Произнести эти звуки достаточно просто, так как звук а существует в русском языке. Сравните со следующими:

17

ain, **aim**, **ein**, **in**, **im**, **ym** э~:

vin	вэ~	вино	**timbre**	тэ~бр	марка
pain	пэ~	хлеб	**sympa**	сэ~па	приятный

oin уэ~: **foin** фуэ~, сено; **coin** куэ~, угол.

on, **om** (on превращается в om перед **b** и **p**) о~:

pont	по~	мост	**nombril**	но~бриль	пупок

un оэ~ сложный и необычайно нужный звук. Это неопределённый артикль мужского рода единственного числа. Мы обозначаем его двумя буквами оэ~, но ни в коем случае не надо читать их отдельно. Есть две манеры произношения. Губы напряжены в положении для произнесения о, но произносим мы э. Либо же растянуть губы в напряжённой улыбке, приоткрыть рот на пару сантиметров и сказать э с последующим носовым звуком. Попробуйте уловить звук аудиозаписи и выберите подходящий вам вариант:

aucun	окоэ~	никакой	**commun**	комоэ~	общий
brun	броэ~	тёмный	**quelqu'un**	кэлькоэ~	кто-то

um оэ~ здесь подходит первый вариант произношения: **humble** оэ~бль, скромный, смиренный;

ом: **maximum** максимом, максимум.

ОСНОВНЫЕ ПРАВИЛА ЧТЕНИЯ

- Французские гласные не родуцируются несмотря на безударную позицию в слове, подобно тому, как это происходит в русском языке.

- Звонкие согласные не оглушаются, даже на конце слова.

- Удвоенные согласные читаются как один звук: **pomme** пом, яблоко.

- Буква **e** на конце слов не читается в большинстве случаев: **rue** рю, улица.

- Согласные в большинстве своём не произносятся в конце слова. Например, **gris** гри, серый; **trop** тро, слишком; **portrait** портрэ, портрет;

voix вуа, голос; **nez** нэ, нос. Согласные **c**, **f**, **l** и **r** чаще всего произносятся на конце слова.

- Окончание множественного числа **s** не произносится: **les livres** ле ливр, книги.

- Конечные согласные произносятся в английских заимствованиях: **week-end** уикэнд, выходные; **Internet** интернет, Интернет.

- Глагольные окончания **er** и **ent** не читаются: **aller** але, идти; **ils marchent** иль марш, они идут.

СЦЕПЛЕНИЕ И СВЯЗЫВАНИЕ

Во фразе слова объединяются в так называемые речевые группы (связанные по смыслу слова). В этом случае наблюдаются два феномена – сцепление и связывание.

Сцепление – это объединение конечного произносимого согласного первого слова с гласной следующего за ним: **elle est belle** эле бель, она красива; **il adore** илядор, он обожает.

Связывание – это объединение конечного непроизносимого согласного первого слова с гласной следующего за ним (также в случае непроизносимой **h**), причём конечная непроизносимая согласная обретает произношение: **ils ont tort** ильзо~ тор, они не правы; **trois heures** труазоер, три часа.

При слиянии носового звука с последующим словом, носовой звук не исчезает, но добавляется промежуточный звук: **mon ami** мо~нами, мой друг.

Всё вышеперечисленное ни в коем случае не нужно заучивать наизусть. Обращайтесь к этой главе почаще, читайте все заметки после диалогов, слушайте аудиозаписи, и всё само собой встанет на свои места. А теперь смело погружайтесь в изучение французского, совсем скоро вы увидите первые результаты! **Bonne chance !** Удачи!

I. ПРИВЕТСТВИЕ И ЗНАКОМСТВО

II. ПОВСЕДНЕВНАЯ ЖИЗНЬ

1. СЛОВА — 25
2. КТО ИЛИ ЧТО? — 33
3. ВСТРЕЧА — 43
4. ГОСТИ — 51
5. ТЕЛЕФОННЫЙ РАЗГОВОР — 61
6. СОСЕДИ — 71
7. СЛУЧАЙНОСТЬ — 79

8. ПОКУПКИ — 91
9. В РЕСТОРАНЕ — 99
10. ВРЕМЯ — 107
11. КВАРТИРА — 115
12. ПОГОДА — 123
13. ПОСЛОВИЦЫ И ПОГОВОРКИ — 131
14. У ВРАЧА — 139
15. КАНИКУЛЫ — 147

III. В ГОРОДЕ

IV. ДОСУГ

16. В ГОРОДЕ   159

17. МАШИНА   167

18. СПОРТЗАЛ   175

19. НА РАБОТЕ   183

20. НА ПОЧТЕ   191

21. В АПТЕКЕ   199

22. ИНТЕРНЕТ   207

23. ПОКУПКИ   215

24. ПЛАНЫ НА ВЕЧЕР 227

25. УЖИН   235

26. ОТПУСК   243

27. ДОМАШНИЕ И ДИКИЕ ЖИВОТНЫЕ   251

28. СПОРТСМЕНЫ   259

29. СМИ   267

I. ПРИВЕТСТВИЕ И ЗНАКОМСТВО

1. СЛОВА
LES MOTS

ЦЕЛИ УРОКА

- ПРИВЕТСТВИЕ И ЗНАКОМСТВО
- ПОВСЕДНЕВНАЯ ЖИЗНЬ

ПОНЯТИЯ

- В ГОРОДЕ
- ДОСУГ

ЗНАКОМЫЕ СЛОВА

госпожа

господин

Париж

минута

извините

привет/пока

спасибо

автобус

жираф

метро

кафе

бульвар

тонна

жизнь

знак

обезьяна

колесо

улица

шаг

лапа

◀ 03   LES MOTS FAMILIERS (CONNUS)

Madame

Monsieur

Paris

minute

pardon

salut

merci

bus

girafe

métro

café

boulevard

tonne

vie

signe

singe

roue

rue

pas

patte

■ РАЗБИРАЕМ ДИАЛОГ
ЧИТАЕМ ПО-ФРАНЦУЗСКИ

- → Внимательно слушайте звукозапись, повторяя звуки как можно ближе к оригиналу.
- → **Madam**e, **minut**e, **giraf**e, **sign**e, **vi**e: конечная буква **e** не произносится, кроме тех случаев, когда над буквой стоит диакритический значок: **café**.
- → **Monsieur**: произношение этого слова особенное и его следует запомнить.
- → **Pari**s, **salu**t, **boulevar**d, **pa**s: в большинстве французских слов конечная согласная не произносится, но, конечно же, мы найдём многочисленные исключения, а самые распространённые мы предложим вам в последующих главах, как, например, **bus**.
- → **pardon**: а вот и ваш первый «носовой звук»!
- → **merci**, **métro**: помните, что безударные гласные не меняют произношения, как в русском языке (безударное **e** не превращается в и).
- → **gi**rafe: буква **i** после **g** даёт звук более мягкий, нежели в русском языке.
- → **sign**e, **sing**e: сравните произношение этих слов. Стоит только переставить местами буквы, как появляются два совершенно разных звука. В первом случае мы получаем дифтонг нь, а во втором буквы **in** дают «носовой» звук, за которым следует ж и непроизносимое **e**.
- → **ro**ue, **r**ue: сравните эти слова. В первом слове **ou** произносится как один звук у, а во втором – мы получаем то самое знаменитое французское **u**, которое похоже на наше ю. Напоминаем, чтобы произнести его наиболее точно, необходимо вытянуть губы, как для произношения звука у, и, оставляя их в напряжении, произнести звук и.

ОБРАЩЕНИЕ

При обращении к кому-либо во Франции принято употреблять слова **Madame**, *госпожа,* для женщины и **Monsieur**, *господин,* для мужчины. В 2012 году был принят закон об упразднении во всех официальных документах и анкетах слова **Mademoiselle**, *девушка,* которое обозначало незамужнюю женщину. Под напором феминистских ассоциаций и организаций было решено таким образом создать равновесие между двумя полами. Слово всё ещё употребляется в разговорной речи, особенно если речь идёт о совсем юной особе, но, в случае когда могут возникнут сомнения, советуем вам выбирать всё-таки нейтральное **Madame**.

◆ ГРАММАТИКА
РОД СУЩЕСТВИТЕЛЬНЫХ

Во французском языке лишь два рода – мужской и женский, среднего рода нет. Некоторые виды окончаний указывают на принадлежность к тому или иному роду; но есть также слова, по форме которых род определить невозможно. Их надо заучивать наизусть вместе с артиклем, который и указывает на родовую принадлежность.

Многочисленные заимствования, пришедшие из французского языка в русский, принадлежат к мужскому роду: **métro**, *метро*, **café**, *кафе*, **taxi**, *такси*, **paletot**, *пальто*.

Самые распространённые окончания женского рода: **-ette**, **-euse**, **-trice**, **-elle**, **-ienne**. Например: **poussette**, *детская коляска*, **chanteuse**, *певица*, **danseuse**, *танцовщица*.

Названия континентов и школьные дисциплины принадлежат также к категории женского рода: **Afrique**, *Африка*, **Europe**, *Европа*, **histoire**, *история*, **chimie**, *химия* и т.п.

К мужскому роду принадлежат слова, имеющие следующие окончания: **-al**, **-eur**, **-in**, **-et**, **-oir**, **-ien**. Например: **chacal**, *шакал*, **cousin**, *двоюродный брат*, **robinet**, *кран*, **chien**, *собака*.

Дни недели тоже мужского рода, также как и времена года.

Некоторые слова имеют различную форму в зависимости от рода: **garçon**, *мальчик*, и **fille**, *девочка*.

УПРАЖНЕНИЯ

пиктограмма «мегафон» указывает на присутствие аудиозаписи, которую необходимо прослушать для выполнения задания.

1. УКАЖИТЕ СЛОВА, В КОТОРЫХ ПРОИЗНОСИТСЯ КОНЕЧНАЯ БУКВА.
03

a. salut
b. métro
c. bus
d. rue

2. УКАЖИТЕ СЛОВА, В КОТОРЫХ ПРОИЗНОСИТСЯ БУКВА E.
03

a. girafe
b. merci
c. patte
d. boulevard

3. ОПРЕДЕЛИТЕ РОД СУЩЕСТВИТЕЛЬНОГО (М ИЛИ Ж).

a. fille
b. signe
c. chien
d. taxi
e. chimie
f. patte

4. ПЕРЕВЕДИТЕ СЛЕДУЮЩИЕ СЛОВА.

a. tonne ....
b. café ....
c. singe ....
d. pas ....
e. rue ....
f. roue ....

СЛОВАРЬ

Madame (f), *госпожа (в обращении)*
Monsieur (m), *господин (в обращении)*
minute (f), *минута*
pardon, *простите*
salut, *привет или пока*
merci, *спасибо*
bus (m), *автобус*
girafe (f), *жираф*
métro (m), *метро*
café (m), *кафе*
boulevard (m), *бульвар*
tonne (f), *тонна*
vie (f), *жизнь*
signe (m), *знак*
singe (m), *обезьяна*
roue (f), *колесо*
rue (f), *улица*
pas (m), *шаг*
patte (f), *лапа*
Mademoiselle (f), *девушка (в обращении)*

taxi (m), *такси*
paletot (m), *пальто*
poussette (f), *детская коляска*
chanteuse (f), *певица*
danseuse (f), *танцовщица*
Afrique (f), *Африка*
Europe (f), *Европа*
histoire (f), *история*
chimie (f), *химия*
chacal (m), *шакал*
cousin (m), *двоюродный брат*
robinet (m), *кран*
chien (m), *собака*
garçon (m), *мальчик*
fille (f), *девочка*

2. КТО ИЛИ ЧТО?

QUI OU QUOI ?

ЦЕЛИ УРОКА	ПОНЯТИЯ
• ЧТЕНИЕ • ЗАДАТЬ ВОПРОС • СЕМЬЯ	• ДИАКРИТИЧЕСКИЕ ЗНАКИ • ГЛАГОЛ ÊTRE • ЛИЧНЫЕ МЕСТОИМЕНИЯ

СЕМЬЯ

шаль

лето

сон

газ

вода

человек

море

солнце

химия

Такова жизнь (*это есть жизнь*).

Я – мать (*я есть мать*).

Ты – герой (*ты есть герой*).

– Это дыня (*есть это дыня*)? – Нет, это (*есть*) абрикос.

– (*Есть*) Вы их родители? – Нет, мы не (*есть*) их родители.

– Их родители не (*есть*) здесь.

– (*Есть*) Он её/его двоюродный брат?

– Да, это (*есть*) её/его двоюродный брат. А вот её/его двоюродная сестра.

– А кто (*есть*) они?

– Они (*есть*) брат и сестра.

04 — LA FAMILLE

un châle

un été

un rêve

le gaz

l'eau

l'homme

la mer

le soleil

la chimie

C'est la vie.

Je suis une mère.

Tu es un héros.

– Est-ce un melon ? – Non, c'est un abricot.

– Êtes-vous ses parents ?

– Non, nous ne sommes pas ses parents.

– Ses parents ne sont pas ici.

– Est-il son cousin ?

– Oui, c'est son cousin. Et voici sa cousine.

– Et qui sont-ils ?

– Ils sont frère et sœur.

◼ РАЗБИРАЕМ ДИАЛОГ
ЧИТАЕМ ПО-ФРАНЦУЗСКИ

→ **ch**â**le**, **r**ê**ve**: этот надстрочный значок, **accent circonflexe**, ставится над разными гласными. Он указывает на присутствие согласной буквы **s** в словах-предках, от которого они произошли.

→ **ét**é, **h**é**ros**: этот надстрочный значок называется **accent aigu**. Чтобы наиболее точно произнести звук é, растяните губы в улыбке, параллельно, будто для звука **и**, а затем произнесите звук э.

→ **ga**z: интернациональное слово со схожим произношением в самых различных языках. Внимание, конечная буква не оглушается и произносится з.

→ **eau**: три буквы дают лишь один звук – о.

→ **me**r: окончание **er** не произносится на конце неопределённой формы глагола, а в слове *море* конечная буква произносится. Не перепутайте со словом **m**è**re**, *мать*, которое пишется по-другому.

→ **sol**e**il**: три последние буквы дают звук, приближающийся к нашему **солей** (помните, что **о** сохраняет своё произношение в безударной позиции).

→ **ch**i**mie**: это сочетание букв даёт звук *ш*.

→ **je suis une**, **tu es un**, **pas ici**: феномен фонетического слияния двух слов наблюдается, когда предыдущее слово заканчивается на непроизносимый согласный, а последующее – на гласный (или «немое» **h**). В этом случае **s** произносится как **з**: именно так оно произносится между двумя гласными.

→ **m**è**re**, **fr**è**re**: **e** с **accent grave** произносится подобно русскому э.

→ **mel**o**n**, **n**o**n**: вы уже встречали этот звук в слове **pard**o**n**.

→ **un abricot**: ещё один случай слияния между артиклем и последующим словом, оканчивающимся на гласную. «Носовой» звук как бы раздваивается, оставаясь в первой части носовым, но сразу за ним следует появившийся при слиянии звук **н**. Внимательно прослушайте аудиозапись.

→ **h**é**ros**: изолированная буква **h** не произносится, но в этом слове она выполняет дополнительную роль – она является разделительной. Её называют придыхательной, **h aspir**é (в противовес непроизносимой или «немой» букве **h**). Эта буква появляется в начале слов германского (а не латинского) происхождения.

→ **cous**i**n**: это ещё один «носовой» звук. Внимательно прослушайте аудиозапись и сравните его со звуком, получающимся в сочетании **on**. Попытайтесь повторить звук наиболее близко к оригиналу. Заметим, что если на конце слова появится **e**, то «носовой» звук исчезнет: **cousine**.

→ **sœur**: а вот ещё одно сочетание букв, нелегко дающееся русскоязычному речевому аппарату! Произнесите букву у, а затем, не меняя положения губ, скажите э. Получившийся звук является, конечно же, лишь примерным воспроизведением искомого звука. Слушайте и повторяйте за диктором.

КОРНИ ФРАНЦУЗСКОГО ЯЗЫКА

На территории современной Франции в древности проживали многочисленные галльские племена, говорившие на различных кельтских и галльских диалектах. После их завоевания римлянами латынь распространилась на территории Галлии. А после падения Римской империи территорию захватили и поселись на ней племена франков, принеся с собой германский древнефранкский язык. Конечно же, современный французский язык претерпел уйму изменений: в нём преобладает латинская база, однако даже сегодня прослеживаются германские корни во многих словах. Рассмотрим несколько слов с надстрочным значком **accent circonflexe**, который зачастую скрывает "исчезнувшую" букву **s**, существовавшую когда-то в старинном языке. Мы можем найти множество примеров, где буква сохранилась в однокоренных словах, а иногда и увидеть общие корни в словах английского языка: **forêt**, лес – **déforestation**, вырубка леса (фр. однокоренное слово), **forest**, лес (англ.); **bête**, зверь – **bestial**, звериный (фр. однокоренное слово); **hôpital**, больница – **hospitalisation**, госпитализация (фр. однокоренное слово), **hospital**, больница (англ.).

◆ ГРАММАТИКА
РОД СУЩЕСТВИТЕЛЬНЫХ И АРТИКЛЬ

В прошлой главе мы видели, что некоторые окончания могут указывать на род существительного, но зачастую род непонятен. Самый надёжный способ не ошибиться – это заучивать слова с сопутствующим им артиклем. Артикль – одно из наиважнейших понятий французского языка. Он не только даёт информацию о родовой принадлежности существительного, но и указывает на число (единственное или множественное), а также заменяет нашу систему склонений. Существуют несколько видов артиклей: неопределённый, определённый и партитивный (или частичный артикль). Запомните, что во французском языке слово всегда будет употребляться с артиклем, либо другим определяющим его словом (притяжательным, указательным местоимениями, числительным и т.п.)

НЕОПРЕДЕЛЁННЫЙ АРТИКЛЬ ЕДИНСТВЕННОГО ЧИСЛА

Говоря о незнакомом предмете, либо предмете, упоминающемся в беседе впервые и неизвестном говорящему, употребляется так называемый неопределённый артикль. Существуют две различных формы единственного числа – мужского рода **un** и женского рода **une**. Сравните: **un cousin**, *двоюродный брат*, но **une cousine**, *двоюродная сестра*.

ОПРЕДЕЛЁННЫЙ АРТИКЛЬ ЕДИНСТВЕННОГО ЧИСЛА

Так называемый определённый артикль тоже имеет две формы единственного числа – мужского рода **le** и женского рода **la**: **le soleil**, *солнце*, но **la lune**, *луна*. Определённый артикль используется, когда речь идёт об уже знакомых говорящему предметах, либо об единичных и совершенно определённых понятиях и предметах, а также целому понятию, как категории – субстанции, веществу и т.д. Заметим, что в случае, когда слово начинается на гласную или немое **h**, определённый артикль единственного числа теряет свою гласную, заменяя её на надстрочную запятую **(apostrophe)**. Таким образом получается сокращённый артикль **l'**: **l'eau**, *вода* (существительное женского рода), **l'homme**, *человек* (существительное мужского рода).

▲ СПРЯЖЕНИЕ
ГЛАГОЛЬНАЯ СИСТЕМА

Во французском языке существует две группы правильных глаголов, а также множество неправильных глаголов (зачастую их рассматривают как третью группу), которые, несмотря на определённые особенности, в большинстве своём берут окончания одной из двух групп.

ГЛАГОЛ ÊTRE, БЫТЬ

Один из неправильных глаголов французского языка является также одним из самых важных. Речь идёт о глаголе **être**, *быть*. Французский язык использует этот глагол как в его превоначальном значении, так и в его функции вспомогательного, «служебного» глагола.

Он понадобится вам во фразах, где русский язык лишь подразумевает глагол: **il est un héros**, *он – герой*; **ils sont ici**, *они здесь*.

Это неправильный глагол. Мы предлагаем вам выучить наизусть его спряжение в настоящем времени:

Единственное число	Множественное число
je suis, *я есть*	**nous sommes**, *мы есть*
tu es, *ты есть*	**vous êtes**, *вы есть*
elle/il est, *она/он есть*	**elles/ils sont**, *они есть*

СТРУКТУРА C'EST, ЭТО

При помощи глагола *быть* вы сможете без труда построить фразы типа *это* + название предмета (или одушевлённое существительное). Фраза образована при помощи указательного слова **ce**, *это*, которое сливается, подобно усечённому артиклю, с глаголом быть в 3 лице единственного числа: **c'est un abricot**, *это (есть) абрикос*. Во множественном числе фраза будет построена с глагольной формой третьего лица множественного числа: **ce sont ses parents**, *это его/её родители*.

ПОРЯДОК СЛОВ В ПРЕДЛОЖЕНИИ И ПРОСТАЯ ИНВЕРСИЯ ПРИ ВОПРОСЕ

Базовый порядок слов во французской фразе закреплён: подлежащее-сказуемое-дополнение (к которым добавляются всевозможные определения).

Чтобы задать вопрос в разговорной речи, французы зачастую прибегают к интонационному вопросу: порядок слов остаётся неизменным, но добавляется вопросительная интонация, точно как в русском языке. Если же речь идёт о правильном построении вопросительного предложения, французский язык использует перестановку членов предложения. Этот феномен называется инверсией.

Различают два типа инверсии: простую и сложную.

Простая инверсия возможна в предложении, в котором подлежащее выражено личным местоимением, её используют также со структурой **c'est** и **ce sont**.

Таким образом, в повествовательном предложении с прямым порядком слов меняются местами подлежащее и сказуемое, а между ними добавляется дефис. Например: **C'est un abricot**, *Это абрикос.* превращается в вопросительную фразу – **Est-ce un abricot ?** *Это абрикос?*

Тоже самое мы наблюдаем в предложении с личными местоимениями: – **Êtes-vous ses parents ?** *Вы его/её родители?* – **Oui, nous sommes ses parents.** *Да, мы его/её родители.*

Мы рассмотрим сложную инверсию позже.

⬢ УПРАЖНЕНИЯ

🔊 1. ВЫБЕРИТЕ ПРАВИЛЬНУЮ ФОРМУ ГЛАГОЛА.
04
a. Ce .... ses rêves.
b. C' .... un melon.
c. Elle .... sa mère.
d. Il .... un homme.
e. Elles .... sœurs.

🔊 2. ПЕРЕВЕДИТЕ СЛЕДУЮЩИЕ СЛОВА.
04
a. сестра → la ....
b. жизнь → la ....
c. герой → le ....
d. химия → la ....
e. дыня → le ....

3. ЗАДАЙТЕ ВОПРОС К СЛЕДУЮЩИМ ФРАЗАМ.

a. – .... ? *Это девочка?*
 – Non, c'est un garçon. *Нет, это мальчик.*
b. – .... ? *Он здесь?*
 – Oui, il est ici. *Да, он здесь.*
c. – .... ? *Это его мать?*
 – Oui, c'est sa mère. *Да, это его мать.*
d. – .... ? *Они её родители?*
 – Oui, ils sont ses parents. *Да, они её родители.*

🔊 4. ЗАПОЛНИТЕ ПРОПУСКИ ФОРМОЙ ГЛАГОЛА ÊTRE
04 (КАЖДАЯ ЧЕРТА - БУКВА).

a. je _ _ _ _
b. tu _ _
c. il/elle _ _ _
d. nous _ _ _ _ _ _
e. vous _ _ _ _
f. ils/elles _ _ _ _

2. Кто или что?

СЛОВАРЬ

qui, *кто*
quoi, *что*
famille (f), *семья*
châle (m), *шаль*
été (m), *лето*
rêve (m), *сон*
gaz (m), *газ*
eau (f), *вода*
homme (m), *человек, мужчина*
mer (f), *море*
soleil (m), *солнце*
mère (f), *мать*
héros (m), *герой*
melon (m), *дыня*
non, *нет*
abricot (m), *абрикос*
parents (pl), *родители*
ici, *здесь*
oui, *да*
cousine (f), *двоюродная сестра*
frère (m), *брат*
soeur (f), *сестра*
lune (f), *луна*
être, *быть*

3. ВСТРЕЧА
UNE RENCONTRE

ЦЕЛИ УРОКА
- ПРИВЕТСТВИЕ
- УЗНАТЬ НОВОСТИ

ПОНЯТИЯ
- ПРИЛАГАТЕЛЬНОЕ
- УДАРЕНИЕ
- ОТРИЦАНИЕ
- ГЛАГОЛ ИДТИ

СЮРПРИЗ

– Здравствуйте! Как поживаете (*как идёте-вы*)?

– Здравствуйте! Я хорошо (*я иду хорошо*), а вы?

– Очень хорошо. Что нового?

– Ничего.

– Как (*идёт*) ваша семья?

– Спасибо, всё хорошо (*это идёт*).

– О… [Мне] надо вам [кое-что] рассказать (*Надо, чтобы я вам рассказываю*)….Мой серый кот…

– Ах да, он (*есть*) очень красивый!

– Да, только это (*есть*) кошка!

– Как это?

– Она беременна. Значит, это (*есть*) серая кошка.

– Вот это да (*это тогда*)!

Но это всё-таки прекрасная (*есть красивая*) новость! [Мои] поздравления!

– Спасибо большое!

И хорошего дня!

05 — LA SURPRISE

– Bonjour ! Comment allez-vous ?

– Bonjour ! Je vais bien, et vous ?

– Très bien. Quoi de neuf ?

– Rien.

– Comment va votre famille ?

– Merci, ça va.

– Ah… Il faut que je vous raconte… Mon chat gris…

– Mais oui, il est très beau !

– Oui, sauf que c'est une chatte !

– Comment ça ?

– Elle attend des petits. Donc, c'est une chatte grise.

– Ça alors !

Mais c'est une belle nouvelle quand même !

Félicitations !

– Merci beaucoup !

Et bonne journée !

■ РАЗБИРАЕМ ДИАЛОГ
БУКВЫ И ЗВУКИ

- → Осторожно, слово **surprise**, *сюрприз*, во французском языке женского рода!
- → Гласные **ou** произносятся *у*: **b**o**nj**o**ur**, **v**o**us**, **n**o**uvelle**, **b**e**a**u**c**o**u**p.
- → Сравните 2 вида вопросительных предложений, рассмотренных в предыдущей главе. Интонационный вопрос в разговорной речи: **Comment va votre famille ?** Простая инверсия с подлежащим, выраженным личным местоимением: **Comment allez-vous ?**
- → Гласные **ai** произносятся *э*: **v**a**is**, **m**a**is**.
- → **Et** переводится не только как *и*, но и как *а* при противопоставлении.
- → Внимательно прослушайте аудиозапись нового носового звука, который в тоже время является сочетанием двух звуков: **b**ie**n**, **r**ie**n**.
- → **Q**u**oi**: **u** после **q** не произносится, а гласные **oi** произносятся как очень энергичное *уа*. Прослушайте аудиозапись.
- → Сочетание букв **fa**m**ille** произносится *ий*, кроме трёх исключений (и их производных): **ville**, *город*, **mille**, *тысяча*, **tranquille**, *спокойный*, где оно произносится *иль*.
- → А вот и ещё один диакритический значок – **cédille**. Он ставится под буквой **c**, чтобы сохранить её произношение *с*. Без этого значка перед **a** буква произносилась бы *к* (как в слове **café**).
- → В русском языке мы используем одно слово для обозначения беременности. Французский же различает беременность женщины, используя в этом случае слово **enceinte**, и беременность животных – **pleine**. Мы можем также сказать для женщины **Elle attend un bébé.** Она ждёт ребёнка. А для животного **Elle attend des petits.** Она ждёт малышей.
- → Разберём по слогам сложное и широко употребляемое слово **beaucoup**: **eau** произносится *о*; **c** перед **o** произносится *к*; **ou** вместе дают звук *у*, а конечное **p** не произносится – *боку*.

ОБРАЩЕНИЕ

Во французском языке различаются две формы – ты и вы. Точно также, как и в русском, французы обращаются на «вы» к незнакомым или малознакомым, пожилым людям или тем, кто находится выше по иерархической лестнице в рабочем коллективе.

Французы крайне чувствительны к «ежедневной» вежливости. Помимо обращения на «вы», необходимо здороваться, входя в магазин, автобус или ресторан, обращаясь на улице к прохожему или продавцу в магазине. И даже если вы знаете человека уже не первый год, лучше продолжать беседу на «вы» до момента, пока ваш собеседник не предложит вам перейти на «ты». В этом случае, лучше согласиться, иначе это может быть воспринято как оскорбление или неуважение к собеседнику.

ГРАММАТИКА
ПРИЛАГАТЕЛЬНОЕ

Французское прилагательное согласуется с существительным в роде и числе и ставится в большинстве случаев после существительного. Прилагательное даётся в словаре в мужском роде, а чтобы поставить его в женский род часто достаточно добавить на конце немое **e**: **gris**, *серый*, – **gris**e, *серая*, но конечно же французский заготовил нам уйму сюрпризов: многие прилагательные образуют женский род по-особенному. Начнём рассмотрение особых случаев на увиденных формах:

прилагательные, оканчивающиеся на **-on**, **-en** и **-ien**, удваивают конечное **n**, перед непроизносимой **e**: **bon**, *хороший*, – **bon**n**e**, *хорошая*;

окончание прилагательных, оканчивающихся на **-f** в мужском роде, меняется на **-ve**: **neuf**, *новый*, – **neu**v**e**, *новая*;

окончание прилагательных, оканчивающихся на **-eau** в мужском роде, меняется на **-elle**: **beau**, *красивый*, – **b**elle, *красивая,* **nouveau**, *новый*, – **nou**-v**elle**, *новая*.

ОДУШЕВЛЁННЫЕ И НЕОДУШЕВЛЁННЫЕ СУЩЕСТВИТЕЛЬНЫЕ

Как и в русском языке, во французском различаются одушевлённые и неодушевлённые существительные. Одушевлёнными будут все живые существа, люди или животные; неодушевлёнными – предметы или понятия. Немного сложнее дела обстоят с животными. Французы скажут «кто» о собаке или кошке, имеющей имя, но спросят «что это?», говоря о расе собаки или кошки, других животных как виде (крыса, слон и т.п.), а также о насекомых. Совершенно странным образом вопрос «знаете ли, что это будет?» задаётся беременной женщине вместо русского « кто будет, мальчик или девочка? »

ОТРИЦАНИЕ

Для краткого отрицательного ответа вы можете просто использовать слово **non**, *нет*, а если хотите отказаться от чего-либо, обязательно скажите **non, merci !** *нет, спасибо!* Чтобы построить целую отрицательную фразу, французский язык использует структуру **ne pas**, которая ставится до и после отрицаемого слова, чаще всего глагола: **Je ne suis pas ici.** *Меня здесь нет.* Перед глаголом, начинающимся с гласной, **ne** теряет **e**, подобно артиклям: **Ce n'est pas un melon.** *Это не дыня.*

▲ СПРЯЖЕНИЕ
ГЛАГОЛ ИДТИ ALLER

Глагол **aller**, *идти*, как и глагол *быть*, рассмотренный в предыдущей главе, является неправильным. Интересен тот факт, что в сочетании с уточняющими словами, глагол может означать передвижение на различных видах транспорта. Мы рассмотрим эту функцию позже.

Единственное число	Множественное число
je vais, *я иду*	**nous allons**, *мы идём*
tu vas, *ты идёшь*	**vous allez**, *вы идёте*
elle/il va, *она/он идёт*	**elles/ils vont**, *они идут*

▼ ФОНЕТИКА
УДАРЕНИЕ

Ударение во французском языке очень простое! Оно всегда падает на последний слог в слове. Вспомните слова, заимствованные из французского языка, – *такси, метро, кафе, бульвар* – ударение в них всегда падает на конец слова.

СЛОВАРЬ

bonjour, *здравствуй(те)*
comment, *как*
aller, *идти*
bien, *хорошо*
et, *и, а*
très, *очень*
neuf, *новый*
rien, *ничего*
ça, *это*
il faut, *надо, нужно*
raconter, *рассказать*
chat (m), *кот*
gris, *серый*
mais, *но*
beau, *красивый*
sauf que, *только (но)*
pleine, *беременная (о животном)*
chatte (f), *кошка*
ça alors ! *вот это да!*
alors, *тогда*
nouvelle (f), *новость*
quand-même, *всё-таки*
félicitations, *поздравляю (поздравления)*
beaucoup, *много*
merci beaucoup, *спасибо большое*
journée (f), *день*
ville (f), *город*
mille, *тысяча*
tranquille, *спокойный, тихий*
enceinte, *беременная (о человеке)*
nouveau, *новый*

УПРАЖНЕНИЯ

1. ВЫБЕРИТЕ СЛОВА, В КОТОРЫХ ILLE ДАЁТ ЗВУК ИЙ.

a. ville
b. famille
c. cédille
d. mille
e. fille

2. ВЫБЕРИТЕ ПРАВИЛЬНЫЙ ВОПРОС – QUI ИЛИ QUOI.

a. C'est qui / quoi ? – C'est la lune.
b. C'est qui / quoi ? – C'est un homme.
c. C'est qui / quoi ? – C'est une fille.
d. C'est qui / quoi ? – Ce sont nos parents.
e. C'est qui / quoi ? – C'est le gaz.

3. ПОСТАВЬТЕ ПРИЛАГАТЕЛЬНОЕ В ФОРМУ ЖЕНСКОГО РОДА.

a. beau → ....
b. gris → ....
c. neuf → ....
d. bon → ....

4. ПОСТАВЬТЕ ГЛАГОЛ ALLER В ПРАВИЛЬНУЮ ФОРМУ НАСТОЯЩЕГО ВРЕМЕНИ.

a. je ....
b. ils ....
c. tu ....
d. il/elle ....
e. vous ....

4.
ГОСТИ
LES INVITÉS

ЦЕЛИ УРОКА

- ЧТЕНИЕ
- ПРАЗДНИК
- ГОСТИ

ПОНЯТИЯ

- МНОЖЕСТВЕННОЕ ЧИСЛО
- СТРУКТУРА IL Y A
- ПЕРВОЕ СПРЯЖЕНИЕ

ДЕНЬ РОЖДЕНИЯ

– Добрый вечер, Орельен!

– Привет, Франсуаза!

Рад тебя видеть.

– Я тоже (*я есть*) рада. С днём рождения!

– Спасибо! (*есть*) Ты одна? Где (*есть*) Жуль? Он придёт?

– Он (*прибывает*) скоро будет. Он любит праздники и дни рождения и никогда их не пропускает. А где Мари (*А Мари, где есть она*)?

– Она (*есть*) в зале с гостями.

– Мы ждём всех, или я могу дать тебе (*даю твой*) подарок [сейчас]?

– (*Даются*) Подарки позже.

– О, красиво, (*есть*) торты и свечи!

– Да, всё (*есть*) готово для праздника.

– У тебя есть воздушные шарики?

– Да, вот они.

– Здорово! А Дюпоны опаздывают?

– Нет, они (*есть*) уже (*там*) пришли.

– А, супер! Так, я надуваю шарики (*я*).

06 ANNIVERSAIRE

– Bonsoir, Aurélien !

– Salut, Françoise !

Ravi de te voir.

– Moi aussi, je suis ravie. Bon anniversaire !

– Merci ! Es-tu seule ? Où est Jules ? Va-t-il venir ?

– Il arrive bientôt. Il aime les fêtes et les anniversaires et ne les rate jamais. Et Marie, où est-elle ?

– Elle est dans le salon avec les invités.

– Est-ce qu'on attend tout le monde ou je te donne ton cadeau ?

– On donne les cadeaux tout à l'heure.

– Oh, c'est beau, il y a des gâteaux et des bougies !

– Oui, tout est prêt pour la fête.

– As-tu des ballons ?

– Oui, les voici.

– Génial ! Mais les Dupont, sont-ils en retard ?

– Non, ils sont déjà là.

– Ah, super ! Bon, je gonfle les ballons, moi.

🟩 РАЗБИРАЕМ ДИАЛОГ
СЛОВА И ФРАЗЫ

→ **Au**rélien, **au**ssi: сочетание букв **au** произносится *о*.

→ **Fran**ç**oise**: вы уже встречали диакритический значок **cédille**. Он ставится под буквой **с**, чтобы сохранить её произношение *с*. Запомните, что **c** произносится *к* перед **a**, **o**, **u** и согласными буквами.

→ **va venir**: глагол **aller** в настоящем времени со следующим за ним инфинитивом – первое употребление будущего составного времени. Мы рассмотрим его позже.

→ Французский язык не всегда делает различие в способе перемещения, подобно русскому. Отличный пример тому глагол **arriver**, *прибывать*. Смысл определяется либо контекстом (– он ещё не пришёл? – Скоро будет.), либо уточняющими словами (**Elle arrive bientôt à vélo**, *Она скоро приедет на велосипеде*).

→ **Tout le monde**: означает буквально *весь мир*, но переведём мы его как *все*. Запомните, что это выражение согласуется с глаголом в третьем лице единственного числа: **Tout le monde est ici.** *Все здесь.*

→ В выражении **tout à l'heure** есть слово **heure**, *час*. Выражение переводится *позже*, речь идёт о моменте, достаточно близком к настоящему. Выражение **à tout à l'heure !** можно перевести как *увидимся (позже/скоро)!*

→ Эти два сочетания букв могут показаться одинаковыми: **ou** и **où**. Диакритический значок **accent grave** имеет здесь различительную функцию. **Ou** без значка означает *или*, а со значком – *где*.

→ **Les Dupont**: форма имён собственных, например фамилия, остаётся неизменной, даже когда употребляется во множественном числе.

→ **Super ! Génial !** эти восклицания из разговорной речи могут переводиться как *Супер! Класс! Здорово!* и тому подобное.

→ **Je gonfle les ballons, moi**: **je** и **moi** переводятся оба как *я*. Второе *я* – **moi** – добавляется для усиления смысла. Таким образом, мы подчёркиваем, кто будет выполнять действие, как бы обособляя его по отношению к прочим.

ПРИВЕТСТВИЕ

Во французском языке есть различные формы приветствия и прощания. Французский различает **bonjour**, *добрый день*, **bon après-midi**, который мы переведем скорее как *добрый день*, хотя речь идёт о послеобеденном времени, но до наступления вечера, и **bonsoir**, *добрый вечер*. Заметим, что во французском отсутствует *доброе утро!* Французы скажут bonjour, а потом наверняка поинтересуются, как вам спалось. При прощании французы говорят нейтральное **au revoir**, *до свидания*, или же типичные выражения **à bientôt !** *до скорой встречи!*, **à plus tard !**, *увидимся позже!* **adieu !** *прощай(те)!* Интересно, что слово **salut !** *привет! пока!*, используется как при приветствии, так и при расставании.

◆ ГРАММАТИКА
АРТИКЛЬ МНОЖЕСТВЕННОГО ЧИСЛА

В прошлой главе мы ознакомились с единственным числом артиклей. Во множественном числе всё достаточно просто: существует лишь одна форма для обоих родов. Для неопределённого артикля это **des**, для определённого – **les**: **un invité**, *гость* → **des invités**, *гости*; **une bougie**, *свеча* → **des bougies**, *свечи*.

МНОЖЕСТВЕННОЕ ЧИСЛО СУЩЕСТВИТЕЛЬНЫХ

По основному правилу множественное число существительных образуется путём прибавления к слову в единственном числе непроизносимой буквы **s**: **un frère**, *брат* → **des frères**, *братья*; **une fête**, *праздник* → **des fêtes**, *праздники*.

Большое количество слов образуют множественное число не благодаря букве **s**, а **x**. Это слова, оканчивающиеся на **au**, **eau** и **eu**: **eau**, *вода* → **des eaux**, *воды*; **un cheveu**, *волос* → **des cheveux**, *волосы*. Осторожно, даже в этой группе есть исключения, например: **un pneu**, *шина* → **des pneus**, *шины*.

Слова, оканчивающиеся на **al** образуют множественное число на **aux**: **un cheval**, *лошадь* → **des chevaux**, *лошади*; **un animal**, *животное* → **des animaux**, *животные*. Исключения: **un bal**, *бал* → **des bals**, *балы*; **un carnaval**, *карнавал* → **des carnavals**, *карнавалы*; **un chacal**, *шакал* → **des chacals**, *шакалы*; **un festival**, *фестиваль* → **des festivals**, *фестивали*; **un récital**, *концерт* → **des récitals**, *концерты*.

Существительные на **ail** образуют форму множественного числа с **s** – **un détail**, *деталь* → **des détails**, *детали*; кроме слов: **un bail**, *договор аренды* → **des baux**, *договоры аренды*; **un corail**, *коралл* → **des coraux**, *кораллы*; **un travail**, *работа* → **des travaux**, *работы*; **un vitrail**, *витраж* → **des vitraux**, *витражи*.

Существительные на **ou** образующие множественное число с **s**, имеют также несколько исключений: **un bijou**, *украшение* → **des bijoux**, *украшения*; **un caillou**, *камушек* → **des cailloux**, *камушки*; **un chou**, *капуста* → **des choux**, *качаны капусты*; **un genou**, *колено* → **des genoux**, *колени*; **un hibou**, *сова* → **des hiboux**, *совы*; **un joujou**, *игрушка* → **des joujoux**, *игрушки*; **un pou**, *вошь* → **des poux**, *вши*.

Слова, оканчивающиеся на **s**, **x** или **z** не меняют форму во множественном числе: **un pas**, *шаг* → **des pas**, *шаги*; **une croix**, *крест* → **des croix**, *кресты*; **un gaz**, *газ* → **des gaz**, *газы*.

И конечно же есть слова, которые меняют часть корня, переходя во множественное число. Например, **un œil**, *глаз* → **des yeux**, *глаза*.

МНОЖЕСТВЕННОЕ ЧИСЛО ПРИЛАГАТЕЛЬНЫХ

Обычно множественное число прилагательных образуется путём прибавления к единственному числу непроизносимой согласной **s**: **il est bon**, *он хороший* → **ils sont bons**, *они хорошие*.

к прилагательным, оканчивающимся на **eau** прибавляется **x**: **il est beau**, *он красивый* → **ils sont beaux**, *они красивые*.

прилагательные, оканчивающиеся на **al** образуют множественное число на **aux**: **vertical**, *вертикальный* → **verticaux**, *вертикальные*. Самые распространённые исключения: **banal**, *банальный* → **banals**, *банальные*; **natal**, *родной* → **natals**, *родные*.

прилагательные, оканчивающиеся на **s** или **x** не меняют форму во множественном числе: **un chat gris**, *серый кот* → **des chats gris**, *серые коты*.

СТРУКТУРА IL Y A

Безличный оборот **il y a** переводится как *есть*, *имеется*. Он крайне прост в употреблении, с единственным или множественным числом, форма остаётся неизменной: **ici, il y a tout**, *здесь есть всё*; **là-bas, il y a des gâteaux**, *там есть торты*.

▲ СПРЯЖЕНИЕ
ПЕРВАЯ ГРУППА ГЛАГОЛОВ

Во французском языке существует две группы правильных глаголов, а также множество неправильных глаголов (зачастую их рассматривают как третью группу), но которые, несмотря на определённые особенности, в большинстве своём берут окончания одной из двух групп. К глаголам первой группы относятся встреченные в диалоге **aimer**, **arriver**, **donner**, **gonfler**. Они имеют окончание **er** в неопределённой форме глагола, конечное **r** не произносится. Рассмотрим окончания глаголов первой группы на примере **aimer**, *любить*, и **donner**, *давать*. Обратите внимание, что единственное число всех трёх лиц звучит одинаково, однако во втором лице добавляется непроизносимая буква **s** на конце слова.

Единственное число	Множественное число
j'aime, *я люблю* **je donne**, *я даю*	**nous aimons**, *мы любим* **nous donnons**, *мы даём*
tu aimes, *ты любишь* **tu donnes**, *ты даёшь*	**vous aimez**, *вы любите* **vous donnez**, *вы даёте*
elle aime, *она любит* **il donne**, *он даёт*	**elles aiment**, *они любят* **ils donnent**, *они дают*

СТРУКТУРА С ON

В разговорной речи вы зачастую услышите фразы, построенные с безличным местоимением **on**. В подобных предложениях оно заменяет личные местоимения **nous** и **vous**, но также широко используется в устойчивых выражениях, пословицах и поговорках, чтобы обозначить общее правило, то, что «обычно происходит». В последнем случае мы переведём фразу на русский язык безличной формой 3 лица множественного числа: **On dit**, *говорят…*

Глагол и относящиеся к подлежащему слова в этом случае согласуются в единственном числе 3 лица мужского рода. Сравните: **nous sommes prêts**, *мы готовы* и **on est prêt**, *мы готовы*.

● УПРАЖНЕНИЯ

1. ВЫБЕРИТЕ СЛОВА, В КОТОРЫХ ЕСТЬ ЗВУК "C".

a. chat
b. ça
c. ici
d. gris
e. avec
f. croix

2. ПОСТАВЬТЕ СЛОВОСОЧЕТАНИЯ ВО МНОЖЕСТВЕННОЕ ЧИСЛО.

a. un beau cheveu → des b _ _ _ _ ch _ _ _ _ _
b. une vie tranquille → des v _ _ _ tr _ _ _ _ _ _ _ _ _
c. un œil gris → des y _ _ _ g _ _ _
d. une bonne nouvelle → des b _ _ _ _ _ n _ _ _ _ _ _ _ _

3. ЗАПОЛНИТЕ ПРОПУСКИ, ИСПОЛЬЗУЯ СПРЯЖЕНИЕ ГЛАГОЛА DONNER.

a. je donn_, *я даю*
b. elles donn_ _ _, *они дают*
c. tu donn_ _, *ты даёшь*
d. vous donn_ _, *вы даёте*

4. СОГЛАСУЙТЕ ГЛАГОЛ С МЕСТОИМЕНИЕМ.

a. on (aimer) ...., *любим*
b. tu (gonfler) ...., *ты надуваешь*
c. nous (raconter) ...., *мы рассказываем*
d. elle (rater) ...., *она пропускает*
e. ils (arriver) ...., *они прибывают*

СЛОВАРЬ

invité (m), *гость*
anniversaire (m), *день рождения*
bonsoir, *добрый вечер*
salut, *привет/пока*
ravi, *рад*
voir, *видеть*
aussi, *тоже*
seul, *одинокий, один*
où, *где*
venir, *приходить*
arriver, *прибывать, приходить, приезжать*
bientôt, *скоро*
aimer, *любить*
fête (f), *праздник*
rater, *пропустить*
dans, *в*
salon (m), *зал*
avec, *с*
attendre, *ждать*
tout le monde, *все*
ou, *или*
donner, *дать, давать*
cadeau (m), *подарок*
tout à l'heure, *чуть позже, скоро*
il y a, *есть, имеется*
gâteau (m), *торт, пирожное*
bougie (f), *свеча*
prêt, *готов*
pour, *для*
ballon (m), *(воздушный) шарик*
voici, *вот*
génial, *здорово, отлично*
retard (m), *опоздание*
être en retard, *опаздывать*

déjà, *уже*
super, *супер, класс*
gonfler, *надувать*
vélo (m), *велосипед*
cheveu (m), *волос*
pneu (m), *шина*
cheval (m), *лошадь, конь*
animal (m), *животное*
bal (m), *бал*
carnaval (m), *карнавал*
festival (m), *фестиваль*
récital (m), *концерт*
détail (m), *деталь*
bail (m), *договор аренды*
corail (m), *коралл*
travail (m), *работа*
vitrail (m), *витраж*
bijou (m), *украшение*
caillou (m), *камушек*
chou (m), *капуста*
genou (m), *колено*
hibou (m), *сова*
joujou (m), *игрушка*
pou (m), *вошь*
croix (f), *крест*
œil (m), *глаз*
vertical, *вертикальный*
banal, *банальный, обычный*
natal, *родной (о стране)*
dire, *говорить, сказать*

5. ТЕЛЕФОННЫЙ РАЗГОВОР

AU TÉLÉPHONE
(CONVERSATION TÉLÉPHONIQUE)

ЦЕЛИ УРОКА

- НАЗНАЧИТЬ ВСТРЕЧУ
- ЗАДАТЬ ВОПРОС

ПОНЯТИЯ

- СЛИЯНИЕ
- СЛОЖНАЯ ИНВЕРСИЯ
- ВТОРОЕ СПРЯЖЕНИЕ

ВСТРЕЧА

– Алло, Мишель? Это Жюли.

– Привет, Жюли! Ты всё еще собираешься за мной приехать (*Ты едешь всегда меня искать*)?

– Именно, ты когда заканчиваешь? Я заканчиваю (*мои*) занятия через 5 минут и могу выезжать.

– (*Это есть*) Отлично. Я (*есть*) со своей группой, и мы тоже скоро заканчиваем.

– [Так] (*Но*) все заканчивают в одно время?

– Я думаю, что некоторые заканчивают позже, но моя группа заканчивает в полдень.

– Ой… но если вы заканчиваете в полдень, я не смогу быть на месте (*там*) вовремя! Мне надо как минимум час, чтобы приехать.

– Нестрашно (есть серьёзно). Я тебя жду.

– Хорошо, я быстро (*спешу*).

– Без проблем. Я (*иду*) пойду в библиотеку и (*тебя жду*) буду там тебя ждать, если хочешь.

– Хорошая идея! Позвонить тебе (*Нужно ли тебе звонить*), когда приеду (*приезжаю*)?

– Да, пожалуйста. До скорого!

– Договорились (услышано). Увидимся (*До более позднего*)!

07 RENDEZ-VOUS

– Allô, Michel ? C'est Julie.

– Salut, Julie ! Est-ce que tu viens toujours me chercher ?

– Justement, tu finis quand ? Je finis mes cours dans cinq minutes et je peux partir.

– C'est parfait. Je suis avec mon groupe et nous finissons bientôt aussi.

– Mais tout le monde finit en même temps ?

– Je pense que certains finissent plus tard mais mon groupe finit à midi.

– Oh là-là… mais si vous finissez à midi, je ne peux pas être là à temps ! Il me faut au moins une heure pour venir.

– Ce n'est pas grave. Je t'attends.

– D'accord, je me dépêche.

– Pas de problème. Je vais à la bibliothèque et je t'attends là-bas si tu veux.

– Bonne idée ! Faut-il t'appeler quand j'arrive ?

– Oui, s'il te plaît. À tout à l'heure !

– Entendu. À plus tard !

■ РАЗБИРАЕМ ДИАЛОГ
СЛОВА И ФРАЗЫ

→ Слово **toujours**, *всегда*, в выражении **tu viens toujours ?** означает *всё ещё*, подчёркивая, что ситуация не изменилась по отношению к предыдущим договорённостям.

→ Выражение **venir** или **aller chercher** (буквально: *идти искать*) переводится как *идти/ехать за кем-либо или чем-либо*: **je vais chercher le gâteau**, *я за тортом*.

→ **quand**: вы уже знаете, что **u** после **q** не произносится, а сочетание **an** даёт носовой звук. Конечное **d** не произносится.

→ В предыдущей главе вы встречали предлог **dans** со смыслом *в*. На сей раз он приобретает временной смысл *через*.

→ Слово **groupe**, *группа*, во французском языке мужского рода.

→ Знаменитое французское **oh là-là** выражает уйму эмоций – удивление, восторг, восхищение, разочарование… Соответственно, перевод меняется: *огого, ой-ой-ой* и т.п.

→ **Au moins** означает *по крайней мере, как минимум*.

→ **Je me dépêche**: первый пример возвратного глагола. Мы рассмотрим их позже.

→ **Pas de problème**: ещё один способ построить отрицательную конструкцию в короткой фразе без глагола. Перед существительным ставится отрицательная частица **pas** с предлогом **de**.

→ **Je vais et je t'attends là-bas**: глаголы в данной фразе употребляются в настоящем времени, несмотря на перевод. Разговорная речь допускает употребление настоящего времени для выражения будущего.

→ **S'il te plaît**: буквальный перевод – *если тебе нравится*, но на самом деле выражение означает *пожалуйста*. Чтобы обратиться на "вы", достаточно заменить **te** на **vous** : **s'il vous plaît.**

ПРОЩАНИЕ

Прощаясь, французы, скорее всего, пожелают вам удачи, хорошего дня, отличного вечера, сил для работы или чего-то ещё: **bon après-midi !** *отличного дня (послеобеденного времени)!* Если вы планируете встретиться позже, вам скажут **à tout à l'heure** или **à plus tard**, оба означают примерно *увидимся позже*, или же **à bientôt !** *до скорого!* Если момент встречи уточняется, то скажут, к примеру, **à ce soir**, *до (этого) вечера*, или **à demain**, *до завтра*.

◆ ГРАММАТИКА
ЖЕНСКИЙ РОД ПРИЛАГАТЕЛЬНЫХ (ПРОДОЛЖЕНИЕ)

В предыдущей главе мы уже рассматривали женский род прилагательного. Добавим несколько увиденных в диалоге примеров: **seul**, *одинокий* → **seule**, *одинокая*; **ravi**, *рад* → **ravie**, *рада*. Иногда непроизносимая согласная на конце слова в мужском роде начинает произноситься после добавления **e** в женском: **prêt**, *готовый* → **prête**, *готовая*; **gris**, *серый* → **grise**, *серая*.

Заметим, что прилагательные, оканчивающиеся на **e**, не меняют формы в женском роде: **grave**, *серьёзный* → **grave**, *серьёзная*.

СЛОЖНАЯ ИНВЕРСИЯ

Во второй главе мы уже рассматривали простую инверсию при вопросе. Сложная инверсия употребляется в предложении, где подлежащее выражено существительным, которое сохраняется при вопросе, но к нему добавляется соответствующее лицу и числу местоимение: **Ta sœur, est-elle en retard ?** *Твоя сестра опаздывает?*; **Les bijoux, sont-ils ici ?** *Украшения здесь?*

Когда глагол заканчивается на гласную, а следующее слово выражено местоимением третьего лица единственного лица, между ними необходимо добавить букву **t**: **Ta sœur, arrive-t-elle bientôt ?** *Твоя сестра скоро приедет?*

Вопрос также можно задать при помощи вопросительной конструкции **est-ce que**, которая ставится либо в начале фразы, если вопрос задаётся ко всей фразе, либо после вопросительного слова. При её использовании повествовательный порядок слов остаётся неизменным: **Est-ce que ta sœur est en retard ?** *Твоя сестра опаздывает?* ; **Où est-ce que vous êtes ?** *Вы где?*

Заметим, что, с инверсией или без, для более естественного перевода мы зачастую используем частицу *ли*: **Faut-il t'appeler ? / Est-ce qu'il faut t'appeler ?** *Нужно ли тебе звонить?* (Обратите внимание на появление апострофа и выпадения конечной **e** в **que** при слиянии с последующим местоимением, начинающимся на гласную).

▲ СПРЯЖЕНИЕ
ВТОРОЕ СПРЯЖЕНИЕ

Глагол **finir**, *заканчивать*, относится ко второй группе глаголов. Неопределённая форма второй группы имеет окончание **ir**, в котором r произносится. Особенность спряжения заключается в том, что во множественном числе перед окончанием появляется суффикс **iss**, за которым следуют идентичные первому спряжению окончания:

Единственное число	Множественное число
je finis, *я заканчиваю*	**nous fin**iss-ons, *мы заканчиваем*
tu finis, *ты заканчиваешь*	**vous fin**iss-ez, *вы заканчиваете*
elle/il finit, *она/он заканчивает*	**elles/ils fin**iss-ent, *они заканчивают*

▼ ФОНЕТИКА
СВЯЗЫВАНИЕ

Связывание – это фонетическое явление, при котором происходит слияние между словами во фразе. Связывание делается в случае, когда за конечной непроизносимой согласной следует слово, начинающееся на гласную или «немое **h**». Соответственно, сливаясь, слова произносятся как одно, а немая согласная приобретает новое произношение.

Во французском языке существует обязательное и факультативное связывание, а также случаи, где связывание запрещено.

Вот основные правила обязательного и запрещённого связывания, которых вам будет достаточно на данном этапе.

Обязательное связывание:

- между «определителем» (артиклем, притяжательными или указательными местоимениями, числительным) и существительным: **les invités**, *гости* ; **un abricot**, *один абрикос*.

- между прилагательным и следующим за ним существительным: **bons abricots**, *вкусные абрикосы*.

- между местоимением и глаголом: **ils ont**, *у них есть*. Связывание обязательно также при инверсии между глаголом и местоимением: **est-elle ici ?** *Она здесь?*

- после глагольной формы **est (c'est, il est)**: **c'est un abricot**, *это абрикос*.

- после наречия **très**: **très en retard**, *сильно опаздывает*.

- в некоторых устойчивых выражениях: **tout à l'heure**, *позже*.

Запрещённое связывание:

- между существительным и следующим за ним прилагательным: **des idées agréables**, *приятные идеи*.

- после союза **et** и слова **alors**: **Julie et Arnaud**, *Жюли и Арно*.

- перед словами, начинающимися на предыхательное **h**: **très haut**, *очень высоко*.

- перед некоторыми заимствованиями: **un whisky**, *один виски*.

- после вопросительных слов **combien, comment** и **quand** : **quand arrive-t-elle ?** *Когда она прибывает?* Но связывание делается в вопросе с **quand** при употреблении выражения **est-ce que: quand est-ce qu'elle arrive ?** *Когда она прибывает?*

Обращаем ваше внимание на то, что в случае использования слова **quand** в качестве союза в сложном предложении, связывание принято делать: **On donne les cadeaux quand elle arrive**, *Будем вручать подарки, когда она придёт*.

Также происходит связывание после слова **comment** в вопросе **comment allez-vous ?** *Как поживаете?*

ЗВУКИ, ВОЗНИКАЮЩИЕ ПРИ СВЯЗЫВАНИИ

Какие же звуки получаются из самых распространённых непроизносимых конечных букв при связывании?

буква **t** остаётся неизменной: **tout est prêt**, *всё готово (тутэ прэ)*.

буква **s** (и **x**) превращается в з: **pas encore**, *ещё нет (паза~кор)*, **six amis**, *шесть друзей (сизами)*.

буква **d** произносится т: **quand à moi**, *что касается меня (ка~та муа)*.

буква **p** остаётся неизменной и связывается лишь в нескольких выражениях: **nous avons beaucoup à faire**, *нам надо много всего сделать (нузаво~бокупафэр)*.

дающая носовой звук конечная буква **n** ведёт себя очень интересно. Сначала произносится носовой звук, а за ним следует появившийся звук н: **mon ami**, *мой друг (мо~нами)*, **bon anniversaire**, *с днём рождения (бо~наниверсэр)*.

● УПРАЖНЕНИЯ

1. ВЫБЕРИТЕ СЛОВА, КОТОРЫЕ ВЫ СЛЫШИТЕ НА АУДИОЗАПИСИ.

a. prêt
b. seule
c. bon
d. ravie
e. belle
f. parfaite
g. nouveau

2. ИСПОЛЬЗУЙТЕ СЛОЖНУЮ ИНВЕРСИЮ ДЛЯ ПОСТАНОВКИ ВОПРОСА.

a. Mes invités sont en retard. → ....
b. Son frère est beau. → ....
c. Julie vient te chercher. → ....

3. ПОСТАВЬТЕ ВОПРОС ПРИ ПОМОЩИ *EST-CE QUE*.

a. Es-tu ici ? → ....
b. Quand arrive-t-elle ? → ....
c. Sont-ils frères ? → ....

4. ИСПРАВЬТЕ ГЛАГОЛ В НАСТОЯЩЕМ ВРЕМЕНИ, КОГДА, КОГДА ЭТО НЕОБХОДИМО.

a. je finisse → ....
b. tu finis → ....
c. elle finisse → ....
d. nous finisons → ....
e. vous finissez → ....
f. ils finit → ....

5. Телефонный разговор

СЛОВАРЬ

allô, *алло*
toujours, *всегда*
chercher, *искать*
justement, *именно*
finir, *закончить*
quand, *когда*
cours (m), *занятие*
dans, *через*
pouvoir, *мочь*
partir, *уехать, уйти*
parfait, *прекрасно*
groupe (m), *группа*
en même temps, *в то же время*
penser, *думать*
certains, *некоторые*
plus tard, *позже*
midi, *полдень*
à temps, *вовремя*
moins, *меньше*
au moins, *как минимум, по крайней мере*

grave, *страшно, серьёзно*
d'accord, *хорошо (согласие)*
se dépêcher, *спешить*
problème (m), *проблема*
bibliothèque (f), *библиотека*
là-bas, *там*
si, *если*
vouloir, *хотеть*
idée (f), *идея*
appeler, *звать, звонить*
entendu, *договорились, понятно*
soir (m), *вечер*
demain, *завтра*
agréable, *приятный*
haut, *высокий, высоко*
whisky (m), *виски*
combien, *сколько*
ami (m), *друг*

6. СОСЕДИ

LES VOISINS

ЦЕЛИ УРОКА

- ВОЗРАСТ
- ПРОФЕССИЯ

ПОНЯТИЯ

- ЛИЧНЫЕ МЕСТОИМЕНИЯ
- ЦИФРЫ
- ГЛАГОЛ AVOIR

ДАВАЙТЕ ЗНАКОМИТЬСЯ!

– Меня зовут Жан, я ваш новый сосед. А *(вы)* как вас зовут?

– Я – Элен, очень приятно. А это *(И вот)* мой брат. Его зовут *(Он называется)* Жак.

Я – врач. *(И)* А Жак – журналист. Он много работает и всё время спешит!

– *(И)* А я – инженер. Мне *(Я имею)* тридцать лет. Сколько вам лет *(Какой возраст имеете вы)*?

– Мы *(имеем почти)* практически одного возраста: мне *(Я имею)* тридцать один год. Давайте на «ты»?

– Да, с удовольствием!

– У вас есть *(Имеете вы)* брат или сестра?

– Да, у меня две младших *(я имею две маленьких)* сестры. Они двойняшки. Им *(Они имеют)* двадцать пять лет.

– А *(И)* вот мои родители. Они пенсионеры.

– Здравствуйте *(, госпожа! Здравствуйте, господин)*! Рад с вами познакомиться *(вас встретить)*.

08 FAISONS CONNAISSANCE !

– Je m'appelle Jean, je suis votre nouveau voisin. Et vous, comment vous appelez-vous ?

– Je suis Hélène, enchantée. Et voici mon frère. Il s'appelle Jacques.

Je suis médecin. Et Jacques est journaliste. Il travaille beaucoup et il est tout le temps pressé !

– Et moi, je suis ingénieur. J'ai trente ans. Quel âge avez-vous ?

– Nous avons presque le même âge : j'ai trente et un ans. On se tutoie ?

– Oui, avec plaisir !

– Avez-vous un frère ou une sœur ?

– Oui, j'ai deux petites sœurs. Elles sont jumelles. Elles ont vingt-cinq ans.

– Et voici mes parents. Ils sont retraités.

– Bonjour, Madame ! Bonjour, Monsieur ! Ravi de vous rencontrer.

РАЗБИРАЕМ ДИАЛОГ
СЛОВА И ФРАЗЫ

- **Faire connaissance** — буквально *сделать знакомство*, выражение переводится как *познакомиться*.
- **Jean**: обратите внимание, что буква **e** здесь не произносится, а конечный **an** даёт носовой звук.
- **Hélène**: разберём произношение этого имени. «Немое» **H** не произносится, также как и конечная **e**.
- **enchantée** является женским родом прилагательного, отсюда и присутствие «дополнительного» немого **e** на конце слова.
- Имя **Jacques** — крепкий орешек! Но, на самом деле, произнести его очень просто: *cqu* превращается в банальное *к*, немного более мягкий, чем русский звук (попробуйте добавить на конце мягкий знак), а **e** и **s** и подавно не произносятся. Таким образом, у нас получается *жакь*.
- Вы уже видели, как слово tout добавляется к другим словам — **tout le monde**, *все*, **tout le temps**, *всё время*. Слово переводится также как *всё*.
- **On se tutoie**: напоминаем, что местоимение **on** согласуется в 3 лице единственного числа.
- **Bonjour**, **Madame**, **Bonjour Monsieur** является вежливой формой обращения. Вы приветствуете сначала женщину, затем мужчину. Здороваясь или благодаря кого-либо, добавляйте **Madame** или **Monsieur**. Французы это явно оценят!

ПРОФЕССИИ

Как и в русском языке, некоторые профессии употреблялись до недавних времён только в мужском роде, но таковых остаётся всё меньше и меньше. Французское общество идёт вперёд, и в 2019 году французская Академия (**l'Académie française**) проголосовала почти единогласно (лишь 2 человека проголосовали "против") за создание форм женского рода для названий профессий. В большинстве своём это несложно, следуя классическим правилам согласования французского. Тем не менее, некоторые слова остаются проблематичными и всё ещё провоцируют уйму дискуссий, не потому что ставится под вопрос возможность выполнения данных функций женщиной, а лишь по поводу красоты языковой формы в женском роде! Например, **médecin**, *врач*, или **chef**, *шеф, начальник*…

◆ ГРАММАТИКА
ЛИЧНЫЕ МЕСТОИМЕНИЯ

В предыдущих главах вы уже встретили все личные местоимения. Как вы уже поняли, во французском языке лишь два рода – женский и мужской, зато он указывается даже во множественном числе, где русский использует одну форму. Безличное местоимение **on** согласуется в 3м лице единственного числа.

je, я	**nous**, мы
tu, ты	**vous**, вы
il, он **elle**, она	**ils**, они **elles**, они

ЕДИНСТВЕННОЕ ЧИСЛО ПРИТЯЖАТЕЛЬНЫХ ПРИЛАГАТЕЛЬНЫХ

Вы видели уже достаточное количество притяжательных прилагательных. Рассмотрим все формы единственного числа.

Мужской род	Женский род
mon, мой	**ma**, моя
ton, твой	**ta**, твоя
son, его/её	**sa**, его/её
notre, наш	**notre**, наша
votre, ваш	**votre**, ваша
leur, их	**leur**, их

Отметим, что прилагательные 3 лица согласовываются в роде с обладаемым объектом, в то время как в русском языке они согласовываются с обладателем объекта. Сравните: **Ce sont son fils et sa fille** (независимо от рода владельца объекта). *Это его/её сын и его/её дочь.*

ЦИФРЫ

Во французском языке большое количество цифр пишутся в одно слово. Назовём их «простыми» цифрами. Это все цифры от ноля до 16, десятки до 60 и цифра 100. Кроме простых цифр французский имеет составные цифры.

Если речь идёт о составной цифре в пределах 100, не оканчивающейся на 1, то при её написании добавляется дефис между составляющими её числами: **vingt-cinq**, *двадцать пять*. Если же цифра оканчивается на 1, то добавляется союз **et**, *и*, без дефиса: **trente et un**, *тридцать один*. Обратите внимание, что составные цифры **quatre-vingt-un**, 81 и **quatre-vingt-onze**, 91 пишутся по-особому – без союза **et** и через дефис.

ГЛАГОЛ AVOIR

Глагол **avoir**, *иметь,* – неправильный. Это крайне важный глагол, так как он используется во французском языке как самостоятельный, так и как вспомогательный, « служебный », глагол (в составных временах), а также употребляется для формирования большого количества базовых фраз и устойчивых выражений.

Его спряжение необходимо запомнить:

Единственное число	Множественное число
j'ai, *я имею*	**nous avons**, *мы имеем*
tu as, *ты имеешь*	**vous avez**, *вы имеете*
il/elle a, *он/она имеет*	**ils/elles ont**, *они имеют*

СЛОВАРЬ

voisin (m), *сосед*
faire connaissance, *познакомиться*
s'appeler, *зваться*
enchanté, *рад, приятно (при встрече)*
médecin (m, f), *врач*
journaliste (m, f), *журналист*
tout, *всё, весь, целый*
temps (m), *время*
pressé, *спешащий*
ingénieur (m), *инженер*
avoir, *иметь*
an (m), *год*
quel, *какой, каков, который*
âge (m), *возраст*
presque, *почти*
se tutoyer, *быть "на ты"*
plaisir (m), *удовольствие*
petit, *маленький*
jumelle (f), *двойняшка*
retraité (m), *пенсионер*
rencontrer, *встретить*
je, *я*
tu, *ты*
il, *он*
elle, *она*
nous, *мы*
vous, *вы*
ils (m), **elles** (f), *они*
fils (m), *сын*
fille (f), *дочь*

УПРАЖНЕНИЯ

1. ВСТАВЬТЕ ПРАВИЛЬНОЕ ЛИЧНОЕ МЕСТОИМЕНИЕ (ИНОГДА ВОЗМОЖНЫ НЕСКОЛЬКО ВАРИАНТОВ).

a. _ _ _ _ rencontrons
b. _ _ _ sont
c. _ _ _ _ avez
d. _ _ _ raconte

2. ВЫБЕРИТЕ ПРАВИЛЬНОЕ МЕСТОИМЕНИЕ.

a. mon/ma chat
b. son/ta cadeau
c. leur/mon sœur
d. ta/notre cheval
e. votre/ton fête

3. УКАЖИТЕ НЕСООТВЕТСТВУЮЩИЕ АУДИОЗАПИСИ ФРАЗЫ.

a. ta rue
b. son frère
c. leur famille
d. ton héros

4. ПЕРЕВЕДИТЕ НЕДОСТАЮЩИЕ СЛОВА.

a. У вас есть кот. Vous .... un chat.
b. Мне десять лет. J' .... dix ans.
c. У неё две сестры. Elle .... deux sœurs.
d. У них есть время. Ils/Elles .... le temps.
e. Тебе тридцать лет. Tu .... trente ans.
f. У нас есть соседи. Nous .... des voisins.

7.
СЛУЧАЙНОСТЬ
LE HASARD

ЦЕЛИ УРОКА	ПОНЯТИЯ
• ПРЕДСТАВИТЬСЯ • РОДСТВЕННИКИ	• ПРЕДЛОГ DE • ПРИТЯЖАТЕЛЬНЫЕ МЕСТОИМЕНИЯ • ВОЗВРАТНЫЕ ГЛАГОЛЫ

ОЖИДАНИЕ

– Хэллоу!

– Мы знакомы? Почему вы со мной разговариваете?

– Конечно, я – отец Натали. Ты не узнаёшь меня?

– Ах да, теперь *(я вас)* узнаю.

Что вы здесь делаете?

– Я жду дедушку и бабушку Натали.

Они приезжают полуденным поездом из Марселя.

– А я жду моих двоюродных братьев и сестёр, моего дядю и мою тётю.

(Но) мне кажется, *(что)* вы их знаете.

– Точно! Они *(Это есть)* наши бывшие соседи.

Кстати *(Впрочем)*, они знают дедушку и бабушку Натали.

Их поезд опаздывает.

– Откуда они приезжают?

– Из Ниццы, у них там *(есть другие)* ещё внуки: внучка и два внука.

У них 3 огромных чемодана. Поэтому я и приехал *(я есть здесь)*, чтобы им помочь.

– Счастливого *(Хорошей отваги для)* ожидания!

09 ATTENTE

– Hello!

– Nous nous connaissons ? Pourquoi me parlez-vous ?

– Bien sûr, je suis le père de Nathalie. Tu ne me reconnais pas ?

– Ah si, maintenant, je vous reconnais !
Qu'est-ce que vous faites ici ?

– J'attends le grand-père et la grand-mère de Nathalie.
Ils arrivent par le train de midi de Marseille.

– Et moi, j'attends mes cousins, mon oncle et ma tante.
Mais je crois que vous les connaissez…

– Exact ! Ce sont nos ex-voisins.
D'ailleurs, ils connaissent les grands-parents de Nathalie.
Leur train est en retard.

– D'où arrivent-ils ?

– De Nice, ils ont d'autres petits-enfants là-bas : une petite-fille et deux petits-fils.
Ils ont trois grosses valises. C'est pourquoi je suis là, pour les aider.

– Bon courage pour l'attente !

■ РАЗБИРАЕМ ДИАЛОГ
СЛОВА И ФРАЗЫ

→ **h**ello: даже в заимствованиях из других языков буква h остаётся «немой».

→ **sûr**: иногда надстрочные знаки меняют произношение, а в данном случае даже значение слова! Без **accent circonflexe** прилагательное *уверенный, точный*, превращается в предлог **sur**, *на*.

→ Предлог **de** заменяет родительный падеж со смыслом принадлежности. Всё очень просто – **de** ставится перед словом, указывая на принадлежность ему указанного перед предлогом предмета: **le cheval de Jacques**, *конь Жака*.

→ Наречие **si** имеет несколько значений. В первую очередь оно означает *если*, но при ответе на отрицательный вопрос или заявлении **si** служит для опровержения данной информации. Сравните: **– Es-tu seul ?** *Ты один?* **– Oui.** *Да.* Но: **– Tu n'es pas seul.** *Ты не один.* **– Si, je suis seul !** *Да нет (же), я один!*

→ Предлог **par** выражает способ действия и в этом смысле переводится творительным падежом: **par le train de midi**, *полуденным поездом*.

→ В русском языке существует перевод собирательных **les parents**, *родители*, **les petits-enfants**, *внуки*, но нет аналога французскому **les grands parents**, объединяющему *дедушку* и *бабушку*.

→ Согласование существительных после числительных во французском языке отличается от русского. Множественное число начинается с цифры 2, несмотря на конечную цифру (даже в десятичных дробях до двух, например 1,9, за цифрой будет следовать единственное число). Таким образом, после **31 ans**, *31 год*, слово год согласуется во множественном числе.

→ Обратите внимание, что глагол **aider**, *помочь*, имеет другое управление во французском языке. В русском за ним следует дательный падеж, во французском же эквивалент нашего винительного – прямое дополнение или же существительное без предлога. Буквально мы переведём *помочь кого* (а не *кому*): **j'aide ma mère**, *я помогаю маме*.

→ Слово **courage** означает *смелость, отвага*, но в этом весьма распространённом выражении это, скорее всего, пожелание удачи в начатом непростом деле.

ЦИФРЫ

Не на всех франкоговорящих территориях цифры называются одинаково! Это касается лишь нескольких цифр, но разница налицо: в Бельгии и Швейцарии цифры 70 и 90 переводятся, соответственно, **septante** и **nonante**, в то время как во Франции это **soixante-dix** и **quatre-vingt-dix**. В некоторых кантонах Швейцарии 80 тоже имеет особенную форму – **huitante**, но в остальных кантонах используют "французскую" форму **quatre-vingt**.

◆ ГРАММАТИКА
МНОЖЕСТВЕННОЕ ЧИСЛО ПРИТЯЖАТЕЛЬНЫХ ПРИЛАГАТЕЛЬНЫХ

В прошлой главе мы систематизировали единственное число притяжательных прилагательных. Во множественном числе существует лишь одна форма для обоих родов, что существенно упрощает согласование:

Множественное число	
mes, *мои*	**nos**, *наши*
tes, *твои*	**vos**, *ваши*
ses, *его/её*	**leurs**, *их*

ПРЕДЛОГ DE

Французский предлог **de** имеет многочисленные значения. Он выражает принадлежность объекта кому-то или чему-то, служит нам для перевода родительного падежа, для указания источника или происхождения предмета, а также используется в обозначении количества. Внимательно рассмотрите следующий перевод фраз: **Elle est de Paris**, *Она из Парижа*; **C'est le frère de maman**, *Это брат мамы*

▲ СПРЯЖЕНИЕ
ТИПЫ НЕПРАВИЛЬНЫХ ГЛАГОЛОВ

Connaître, *знать*, и производный от него **reconnaître**, *узнавать, узнать*, имеют идентичное спряжение. Это неправильные глаголы, спряжение их необходимо запомнить. Заметим, что **accent circonflexe** появляется в спряжении только перед буквой **t**.

Единственное число	Множественное число
je connais, *я знаю*	**nous connaissons**, *мы знаем*
tu connais, *ты знаешь*	**vous connaissez**, *вы знаете*
il/elle connaît, *он/она знает*	**ils/elles connaissent**, *они знают*

ВОЗВРАТНЫЕ ГЛАГОЛЫ

Возвратные глаголы порою называют местоименными, так как они спрягаются с возвратными местоимениями того же лица и числа, что и подлежащее. В остальном, их спряжение подобно обычному глаголу и следует абсолютно тем же правилам.

В русском языке возвратные глаголы определяются присутствием частицы на конце слова. Во французском возвратное местоимение ставится после подлежащего и перед глаголом (кроме формы повелительного наклонения): **je me dépêche**, *я спешу*, **nous nous connaissons**, *мы знаем друг друга*, **elle se lave**, *она моется*.

Заметим, что, когда глагол начинается на гласную или непроизносимое **h**, возвратное местоимение теряет своё конечное **e**, которое заменяется на апостроф: **tu t'appelles**, *тебя зовут*.

Существует два типа возвратных глаголов – те, которые имеют лишь возвратную форму, и те, которые могут становиться возвратными, но также использоваться в обычной форме: **s'envoler**, *улететь*; **s'appeler**, *зваться*, (глагол **appeler** существует со значением *звать*), **se tutoyer**, *быть «на ты»* (на ряду с глаголом **tutoyer quelqu'un**, *называть кого-то «на ты»*).

Глаголы, приобретающие функцию возвратного глагола, могут различаться по смыслу: они имеют первичную функцию возвратного глагола (**s'appeler**, *зваться*), имеют смысл обоюдного действия (**se connaître**, *знать друг друга*) или имеют пассивное значение, то есть над глаголом совершается действие. Помните, что некоторые глаголы, становясь возвратными, полностью меняют смысл.

Чтобы задать вопрос, используя инверсию, возвратное местоимение остаётся перед глаголом: **Comment s'appelle-t-elle ?** *Как её зовут?*

Отрицательная форма образуется тоже очень просто: отрицательная конструкция разделяется и ставится перед возвратным местоимением и после глагола: **Ils ne se lavent pas**. *Они не моются.*

Единственное число	Множественное число
je me lave, *я моюсь*	**nous nous lavons**, *мы моемся*
tu te laves, *ты моешься*	**vous vous lavez**, *вы моетесь*
il/elle se lave, *он/она моется*	**ils/elles se lavent**, *они моются*

СЛОВАРЬ

hasard (m), *случайность*
attente (f), *ожидание*
se connaître, *знать друг друга*
pourquoi, *почему, зачем*
parler, *говорить*
bien sûr, *конечно*
père (m), *отец*
reconnaître, *узнавать*
si, *да нет*
faire, *делать*
grand-père (m), *дедушка*
grand-mère (f), *бабушка*
train (m), *поезд*
oncle (m), *дядя*
tante (f), *тётя*
croire, *верить, считать*
connaître, *знать*
grands-parents (pl), *дедушка и бабушка*
gros, *толстый, огромный*
valise (f), *чемодан*
petits-enfants (pl), *внуки*
petite-fille (f), *внучка*
petit-fils (m), *внук*
c'est pourquoi, *поэтому*
aider, *помогать, помочь*
courage (m), *смелость, отвага*
bon courage ! *удачи!*

УПРАЖНЕНИЯ

1. ДОБАВЬТЕ ПРАВИЛЬНОЕ ПРИТЯЖАТЕЛЬНОЕ ПРИЛАГАТЕЛЬНОЕ.

a. Ce sont .... petits-enfants. *Это наши внуки.*

b. C'est .... valise. *Это его чемодан.*

c. Ce sont .... problèmes. *Это их проблемы.*

d. Ce sont .... amis. *Это её друзья.*

e. C'est .... travail. *Это их работа.*

2. ПЕРЕВЕДИТЕ СЛЕДУЮЩИЕ СЛОВА.

a. la valise → ....
b. le train → ....
c. aider → ....
d. l'attente → ....
e. midi → ....

3. СОГЛАСУЙТЕ ГЛАГОЛ В СКОБКАХ.

a. Je vous .... (reconnaître). *Я вас узнаю.*

b. Nous .... (aider) nos grands-parents. *Мы помогаем дедушке и бабушке.*

c. Ils .... (se connaître). *Они знают друг друга.*

d. Je .... (s'appeler) Luc. *Меня зовут Люк.*

e. Tu .... (se dépêcher). *Ты торопишься.*

f. Elle .... (arriver) bientôt. *Она скоро будет.*

4. ДОПОЛНИТЕ, ЕСЛИ НЕОБХОДИМО, НЕДОСТАЮЩУЮ ЧАСТЬ ГЛАГОЛА.

a. Vous .... reconnaissez. *Вы узнаёте друг друга.*

b. Je .... connais Claire. *Я знаю Клер.*

c. On .... appelle demain ? *Созвонимся завтра?*

d. Il .... lave. *Он моется.*

e. Comment .... appelles-tu ? *Как тебя зовут?*

II

ПОВСЕДНЕВНАЯ

ЖИЗНЬ

8.
ПОКУПКИ

LES COURSES

ЦЕЛИ УРОКА

- ПРОДУКТЫ
- МАГАЗИН

ПОНЯТИЯ

- ПАРТИТИВНЫЙ АРТИКЛЬ
- ПОЛНОЕ ОТРИЦАНИЕ
- ПОВЕЛИТЕЛЬНОЕ НАКЛОНЕНИЕ

ПРОДУКТЫ

– Я иду за покупками.

Нам что-то нужно?

– Да, нужно всё купить на выходные.

Ты куда идёшь?

– Сначала иду на рынок, потом в магазин, а после в молочную лавку.

– [А] в мясной магазин зайдёшь *(к мяснику заходишь)*?

– Если хочешь. Что нужно купить?

– На рынке – овощей, зелени *(трав)* и фруктов.

– ОК, записываю: бананов, апельсинов, яблок, картошки и два огурца.

– Да, возьми ещё помидоров *(тоже, пожалуйста)*, чеснока и лука.

В мясной лавке надо купить мяса, колбасы и сосисок.

[А] зачем ты идёшь в супермаркет?

– У нас кончилась *(больше нет)* туалетная бумага и мыло.

– Тогда давай, хорошая идея!

А я отведу детей в парикмахерскую.

10   LES PROVISIONS

– Je vais faire des courses.

Nous avons besoin de quelque chose ?

– Oui, il faut tout acheter pour le week-end.

Tu vas où ?

– Je vais au marché d'abord, ensuite au magasin et après à la crèmerie.

– Tu passes chez le boucher ?

– Si tu veux. Qu'est-ce qu'il faut acheter ?

– Au marché, des légumes, des herbes et des fruits.

– OK, je note : des bananes, des oranges, des pommes, des pommes de terre et deux concombres.

– Oui, prends des tomates aussi, s'il te plaît, de l'ail et des oignons.

Chez le boucher, il faut prendre de la viande, du saucisson et des saucisses.

Pourquoi vas-tu au supermarché ?

– Nous n'avons plus de papier toilette ni de savon.

– Alors, vas-y, bonne idée !

Et moi, j'amène les enfants chez le coiffeur.

■ РАЗБИРАЕМ ДИАЛОГ
СЛОВА И ФРАЗЫ

→ **Quelque chose**: переводится как *что-то* или *что-либо*. Подобно русскому, оно согласуется в 3 лице единственного числа.
→ Обратите внимание на эти устойчивые выражения: **faire des courses**, *идти за покупками*, и **avoir besoin de**, *нуждаться в чём-либо*.
→ **Tu vas où ?**: напоминаем, что в разговорной речи вопрос может ставиться без использования инверсии.
→ Слово **week-end** – заимствование из английского языка. Несмотря на это ударение падает на последний слог.
→ Даже в кругу близких друзей **s'il te plaît** не будет лишним. Русский зачастую упраздняет эту формулу вежливости в контексте неофициальных ситуаций, французский же требует обязательной вежливости на всех уровнях, даже в самых банальных ситуациях повседневной жизни!
→ Для выражения той же мысли – идти куда-то – мы используем разные предлоги. Всё просто: **au marché, au magasin** указывают на место, поэтому мы используем предлог **à** (*в*), который даёт нам **au**, сливаясь с артиклем мужского рода **le** ; **chez le boucher, chez le coiffeur** : указывает на человека, выполняющего профессию, как если бы мы шли к нему, поэтому мы используем предлог (*у, к*).
→ Осторожно, во избежание путаницы, запомните, **banane**, *банан*, **orange**, *апельсин*, и **tomate**, *помидор*, во французском языке женского рода!
→ **prendre**, *взять*, в данном контексте имеет значение **acheter**, *купить*.

МАГАЗИНЫ

Наряду с супер- и гипермаркетами во Франции существуют небольшие продовольственные магазины – частные или сетевые. Однако французы зачастую покупают свежие продукты в специализированых лавках. Будь то мясной магазин, булочная, молочная лавка или лавка овощей и фруктов (**primeur**), французы наверняка имеют свои выверенные временем предпочтения вблизи от дома. Зачастую они готовы проделать путь из одной булочной в другую, так как выпечка и хлеб могут быть совсем разного качества: пирожные и торты лучше покупать в специализирующихся на этом кондитерских (**pâtisseries**).

♦ ГРАММАТИКА
ПАРТИТИВНЫЙ АРТИКЛЬ

Наряду с определённым и неопределённым артиклями существует партитивный (частичный) артикль. Он используется для существительных, количество которых не может быть точно определено, в этом случае подразумевается какая-то часть от целого. Для этого используется предлог **de**, который сливается с артиклем мужского рода **le** и артиклем множественного числа **les**: **Veux-tu du (de+le) saucisson et des (de+les) saucisses ?** *Хочешь колбасы и сосисок ?* В этой фразе не указывается, какое количество колбасы или сосисок предлагается, не предлагается также вся колбаса или все сосиски, существующие на земле… речь идёт о части от данных продуктов. В случае эллипса гласной артикля и в женском роде получается следующее: **Je prends de l'eau et des herbes.** *Я возьму воды и зелени.* (какую-то часть от целого, то, что на русском будет обозначено родительным падежом.)

Единственное число	
муж. род	женск. род
du, de l'	**de la, de l'**
Множественное число (оба рода)	
des	

Заметим, что партитивный артикль используется также при обозначении погодных условий, так как речь идёт о природных явлениях, которые не имеют количественного эквивалента: **Il y a du vent / du brouillard / du soleil.** *Ветрено / туман / солнечно.*

ПОЛНОЕ ОТРИЦАНИЕ

В случае отрицания и количества, сводящегося к нулю, артикль заменяется на предлог **de**: **Ici il n'y a pas d'eau.** *Здесь нет воды.* (совсем нет, как класса этой субстанции). **Je ne mange pas de fruits.** *Я не ем фрукты.* (никакие, то есть отрицание касается целой категории продуктов). Обратите внимание, что при отрицании с глаголом быть, это правило не действует: **Ce n'est pas l'eau.** *Это не вода.*

ПОВЕЛИТЕЛЬНОЕ НАКЛОНЕНИЕ

Как и в русском языке повелительное наклонение используется для выражения пожелания или приказа. Глагол в этом времени имеет лишь три формы: ты, вы и мы. Во французском повелительное наклонение имеет настоящее и прошедшее времена. Мы рассмотрим лишь настоящее время, которое образуется на базе настоящего времени изъявительного наклонения, и, помимо нескольких неправильных глаголов, особых трудностей не представляет. Местоимение опускается, а форма 2 лица единственного числа глаголов на **er** « теряет » конечную букву **s**. Рассмотрим глагол **penser**, думать: **pense !** *думай!* **pensez !** *думайте!* **pensons !** *давайте подумаем!*

Самые полезные неправильные глаголы необходимо запомнить:

Avoir, *иметь*: **aie !** *имей!* **ayez !** *имейте!* **ayons !** *давайте иметь!*

Etre, *быть*: **sois !** *будь!* **soyez !** *будьте!* **soyons !** *будем!*

Глагол **aller**, *идти*, также теряет конечную **s** во 2м лице единственного числа: **va !** *иди!* Внимание: перед наречиями **en** и **y**, заменяющими обстоятельство места, 2 лицо единственного числа вновь обретает **s**: **va**s**-y**, *иди туда/давай*, **mange**s**-en**, *съешь немного/этого* (**en** обозначает часть чего-то, о чём шла речь ранее).

СЛОВАРЬ

courses (pl), *покупки*
provisions (pl), *продукты*
faire des courses, *идти за покупками, покупать продукты*
quelque chose, *что-то, что-либо*
acheter, *покупать*
week-end (m), *выходные*
marché (m), *рынок*
d'abord, *сначала*
ensuite, *потом*
magasin (m), *магазин*
après, *после, потом*
crèmerie (f), *молочный магазин*
passer, *зайти, пройти*
chez, *к, у*
boucher (m), *мясник*
légume (m), *овощ*
herbes (f, pl), *зелень, травы*
fruit (m), *фрукт*
noter, *записать, заметить*
banane (f), *банан*
orange (f), *апельсин*
pomme (f), *яблоко*
pomme (f) **de terre**, *картофель*
concombre (m), *огурец*
prendre, *взять*
tomate (f), *помидор*
ail (m), *чеснок*
oignon (m), *лук*
viande (f), *мясо*
saucisson (m), *колбаса*
saucisse (f), *сосиска*
supermarché (m), *супермаркет*
papier (m) **toilette**, *туалетная бумага*

savon (m), *мыло*
bon, *хороший*
amener, *отвести, привести*
enfant (m), *ребёнок*
coiffeur (m), *парикмахер*

● УПРАЖНЕНИЯ

1. ВЫБЕРИТЕ ПРАВИЛЬНУЮ ФОРМУ.

a. chez le / au boucher, *в мясной лавке*

b. chez le / au supermarché, *в супермаркете*

c. chez le / au coiffeur, *в парикмахерской*

d. chez le / au marché, *на рынке*

2. ИСПОЛЬЗУЙТЕ ПАРТИТИВНЫЙ АРТИКЛЬ.

a. la viande, *мясо* → achète _ _ _ _ viande, *купи мяса*

b. le légume, *овощ* → achète _ _ _ légumes, *купи овощей*

c. le saucisson, *колбаса* → achète _ _ saucisson, *купи колбасы*

d. l'ail, *чеснок* → achète _ _ _ _ ail, *купи чеснока*

e. la banane, *банан* → achète _ _ _ bananes, *купи бананов*

3. УКАЖИТЕ ФРАЗЫ С ОШИБКОЙ И ИСПРАВЬТЕ ИХ.

a. Je ne bois jamais de l'eau.

b. Il va au coiffeur.

c. Pense-y !

d. Il y a du vent.

4. ПОСТАВЬТЕ ДАННЫЕ ФОРМЫ В ПОВЕЛИТЕЛЬНОЕ НАКЛОНЕНИЕ.

a. Vous achetez → ....! *Купите!*

b. Tu ne rates pas → Ne .... pas ! *Не пропусти!*

c. Tu y vas → ....-y ! *Иди туда!*

d. Vous êtes → ....! *Будьте!*

e. Tu m'appelles → ....-moi ! *Позвони мне!*

f. Tu vas → ....! *Иди!*

9.
В РЕСТОРАНЕ
AU RESTAURANT

ЦЕЛИ УРОКА

- СДЕЛАТЬ ЗАКАЗ
- РЕСТОРАННАЯ ЛЕКСИКА

ПОНЯТИЯ

- ПРЯМЫЕ ДОПОЛНЕНИЯ
- СЛИТНЫЙ АРТИКЛЬ
- СЛОВА, ВЫРАЖАЮЩИЕ КОЛИЧЕСТВО
- ГЛАГОЛ MANGER

ЗАКАЗ

– У вас есть стол на одного человека сегодня в обед *(пожалуйста)*?

– Вы будете есть или [хотите] просто выпить чего-нибудь *(пропустить по стаканчику)*?

– Буду *(для)* обедать, конечно же.

– Да, конечно *(очевидно)*. Этот [стол] рядом с окном свободен.

– Отлично. Можно мне *(Могу я иметь)* меню *(пожалуйста)*?

– Вот оно. Я ещё принесу вам [грифельную доску] с блюдами дня.

Будете *(Желаете вы)* что-то пить?

– Графин воды *(пожалуйста)*.

– [Сейчас] принесу с хлебом *(корзиной хлеба)*.

– Я буду рыбу из дневного меню *(дня)*.

– Это скумбрия. [Будете] в предложении *(меню)* первое и блюдо или блюдо и десерт?

– Только основное блюдо, я никогда не ем ни первого, ни десерта.

Ах да, у меня аллергия на лактозу. Она есть в блюде?

– Я проверю с шеф[-поваром], но априори *(этого там)* нет.

А вот [и] ваше блюдо.

– [А] можно мне *(могу я иметь)* столовые приборы и салфетку?

– Ой! Прошу прощения. Сейчас же *(вам их)* принесу!

Вот они. И приятного аппетита!

11 — LA COMMANDE

– Avez-vous une table pour une personne ce midi, s'il vous plaît ?

– Pour manger ou pour boire un verre ?

– Pour déjeuner, bien sûr.

– Oui, évidemment. Celle-ci, à côté de la fenêtre est libre.

– C'est parfait. Puis-je avoir la carte, s'il vous plaît ?

– La voici. Je vous apporte également l'ardoise avec les plats du jour.

Désirez-vous boire quelque chose ?

– Une carafe d'eau, s'il vous plaît.

– Je vous apporte ça avec une corbeille de pain.

– Je prendrai le poisson du jour.

– C'est du maquereau. Dans la formule entrée-plat ou plat-dessert ?

– Juste le plat de résistance, je ne mange jamais ni entrée ni dessert.

Ah oui, je suis allergique au lactose. Est-ce qu'il y en a dans le plat ?

– Je vérifie avec le chef mais, à priori, il n'y en a pas.

Et voici votre plat.

– Puis-je avoir des couverts et une serviette ?

– Zut ! Excusez-moi. Je vous les apporte tout de suite !

Les voici. Et bon appétit !

◼ РАЗБИРАЕМ ДИАЛОГ
СЛОВА И ФРАЗЫ

→ **s'il vous plaît** : не забывайте, что эта форма вежливости добавляется везде, французы к ней крайне чувствительны.

→ Если добавить артикль мужского рода к глаголу **déjeuner**, *обедать*, то получится существительное, пишущееся идентично: **un déjeuner**, *обед*.

→ **Celle-ci**, *эта*, является указательным местоимением, которое заменяет существительное женского рода.

→ Осторожно, слово **la carte** может переводиться как *карта*, но в данном контексте оно означает *меню*.

→ **La voici, je vous les apporte**: речь идёт не об артикле, а о прямом дополнении.

→ За словом, обозначающим количество, следует предлог **de** и существительное без артикля: **une carafe d'eau**, *графин воды*; **une corbeille de pain**, *корзинка хлеба*; **beaucoup de bananes**, *много бананов*.

→ При двойном (или более) отрицании употребляется структура **ne ni ni**. Заметим, что **pas** исчезает: **Je ne mange ni pain ni poisson**, *Я не ем ни хлеб, ни рыбу*.

→ Междометие **zut !** переводится как *чёрт! ах! ой!* и т.п.

РЕСТОРАНЫ

Французы обожают еду и зачастую являются сложными и привередливыми клиентами. Ведь сходить в ресторан – это не просто поесть. Это ритуал, важнейшая составляющая в жизни этой нации гедонистов. Во Франции вы найдёте огромное разнообразие ресторанов – от сетевых фастфудов, традиционных бистро и брассери до шикарных "мишлоновских" ресторанов (их во Франции более 600!). Многие рестораны предлагают комплексные меню, включающие первое и второе блюда, иногда десерт. В некоторых ресторанах предлагаются дегустационные меню.

Помимо обычного меню вам могут предложить дополнительные блюда, подающиеся именно в этот день. Чаще всего они перечислены на грифельной доске, которую вам приносит официант.

◆ ГРАММАТИКА
ПРЯМЫЕ ДОПОЛНЕНИЯ

Прямое дополнение – дополнение, употребляющееся без предлога, выражается либо существительным или словосочетанием, которое ставится сразу после глагола без предлога (**Je vois maman**. *Я вижу маму.*), либо местоимением, которое ставится перед глаголом (**Je la vois**. *Я её вижу.*). На русский мы переводим его существительным или местоимением в винительном падеже, отвечая на вопрос *кого? что?* Внимание: иногда глагольное управление не совпадает в русском и французском языках: **J'aide maman**. *Я помогаю маме.* **Je l'aide**. *Я ей помогаю.* Местоимения, которые заменяют существительные при употреблении в качестве прямого дополнения, необходимо запомнить и не путать их с артиклями:

me, *меня*	**nous**, *нас*
te, *тебя*	**vous**, *вас*
le, *его* **la**, *её*	**les**, *их*

СЛИТНЫЙ АРТИКЛЬ

Вы уже познакомились с частичным (партитивным) артиклем. Его легко спутать со слитным артиклем. Слитный артикль состоит из определённого артикля, который сливается с предлогом **à** или **de**, стоящим перед существительным : **au magasin**, *в магазине*; **au marché**, *на рынке*; **plat du jour**, *блюдо дня*. Внимание, артикль женского рода и усечённый артикль не сливаются с предлогами: **à la crèmerie**, *в молочной лавке*; **de l'ardoise**, *с грифельной доски*. Подытожим:

à + le	au
à + les	aux
de + le	du
de + les	des

МЕСТОИМЕНИЕ EN

В четвёртой главе мы рассматривали безличный оборот **il y a**, *есть, имеется*. Заметим, что при постановке вопроса с инверсией получается следующее: **Y a-t-il une table de libre ?** *Есть ли свободный стол?*

Мы можем добавить к данной фразе местоимение **en**, одна из функций которого - замещение прямого дополнения с партитивным артиклем или существительного со смыслом «части от целого»: – **Y a-t-il du lactose dans le gâteau ?** *Есть ли лактоза в торте?* – **Oui, il y en a.** *Да, есть.* (**Non, il n'y en pas a.** *Нет.*) Обратите внимание, что слово лишь подразумевается благодаря обозначающему его **en**, но не повторяется в ответе.

Если речь идёт не о части от целого (смысл партитивного артикля), а об определённом количестве, то мы добавляем число после **en**: – **Combien de pommes veux-tu ?** *Сколько яблок ты хочешь?* – **J'en veux une/deux.** *(Я хочу) одно/два.*

ГЛАГОЛ MANGER

Глагол **manger**, *есть,* относится к первому спряжению. Это правильный глагол с небольшой особенностью: чтобы буква **g** произносилась ж, а не г, добавляется непроизносимая **e** в первом лице множественного числа:

je mange, *я ем*	**nous mangeons**, *мы едим*
tu manges, *ты ешь*	**vous mangez**, *вы едите*
elle/il mange, *она/он ест*	**elles/ils mangent**, *они едят*

СЛОВАРЬ

restaurant (m), *ресторан*
commande (f), *заказ*
table (f), *стол*
personne (f), *человек*
personne, *никто*
à midi, *в обед*
manger, *есть*
boire, *пить*
verre (m), *стакан*
déjeuner, *обедать*
évidemment, *очевидно, конечно*
à côté de, *рядом с*
fenêtre (f), *окно*
libre, *свободен, свободный*
carte (f), *меню*
apporter, *принести*
également, *также*
ardoise (f), *грифельная доска*
plat (m), *блюдо*
désirer, *желать*
quelque chose, *что-то*
carafe (f), *графин*
corbeille (f), *корзина, корзинка*
pain (m), *хлеб*
poisson (m), *рыба*
maquereau (m), *скумбрия*
formule (f), *формула, меню*
entrée (f), *закуска, первое блюдо*
dessert (m), *десерт*
jamais, *никогда*
allergique, *аллергик, аллергический*
lactose (m), *лактоза*
vérifier, *проверить*
chef (m), *шеф*
à priori, *априори*
couvert (m), *столовый прибор*
serviette (f), *салфетка, полотенце*
tout de suite, *сразу, сейчас же*
bon appétit, *приятного аппетита*

● УПРАЖНЕНИЯ

1. ДОБАВЬТЕ МЕСТОИМЕНИЕ В РОЛИ ПРЯМОГО ДОПОЛНЕНИЯ.

a. Nous aidons les voisins. → Nous _ _ _ aidons. *Мы им помогаем.*

b. Sais-tu que je _ _ aime ? *Ты знаешь, что я тебя люблю?*

c. Tu me donnes ce cadeau. → Tu me _ _ donnes. *Ты мне его даёшь.*

d. Je rencontre ta mère. → Je _ _ rencontre. *Я её встречаю.*

e. _ _ voyez-vous ? *Вы меня видите?*

2. ИСПРАВЬТЕ ФРАЗЫ, КОГДА ЭТО НЕОБХОДИМО.

a. la fête de les voisins, *праздник соседей*

b. à côté de la table, *рядом со столом*

c. aller à le boucher, *пойти в мясной магазин*

d. donner à les filles, *дать девочкам*

e. ici, il n'y a pas de les bananes, *здесь нет бананов*

f. aller à le marché, *пойти на рынок*

g. le père de le garçon, *отец мальчика*

3. УКАЖИТЕ ФРАЗЫ С ОШИБКОЙ.

a. beaucoup des pommes

b. un kilo de pommes de terre

c. deux bananes

d. une corbeille du pain

e. il n'y a pas des tomates

4. ВЫБЕРИТЕ ПРАВИЛЬНУЮ ФОРМУ ГЛАГОЛА.

a. tu manges / mange

b. nous mangons / mangeons

c. elles mangeoent / mangent

10.
ВРЕМЯ
LE TEMPS

ЦЕЛИ УРОКА

- СПРОСИТЬ И СКАЗАТЬ ВРЕМЯ
- НАЗНАЧИТЬ ВРЕМЯ ДЛЯ СОБЫТИЯ
- ВЫРАЗИТЬ ОБЯЗАТЕЛЬСТВО

ПОНЯТИЯ

- ГЛАГОЛ ПОСЛЕ SI
- ПУНКТУАЦИЯ
- ГЛАГОЛ DEVOIR

КОТОРЫЙ ЧАС?

– Который час *(есть-он)*?

– *(Он есть)* Почти полдень. Во сколько у тебя самолёт?

– В пятнадцать минут седьмого *(В шесть часов и одну четверть)*.

– Так давай быстрее *(Надо, чтобы ты поспешил)*!

– Да нет, у меня есть время !

– Не совсем… Надо выезжать в аэропорт за три часа до рейса *(полёта)*.

Тебе надо *(туда)* ехать ровно в три часа.

Ехать *(кладут)* туда около сорока пяти минут *(трёх четвертей часа)*. А если, к тому же, будет очередь на контроле паспортов…

И нам надо *(мы должны)* поесть перед твоим отъездом… Короче, времени не так много *(ты не есть заранее)*.

– Но я и не опаздываю. Я всегда беру такси за два с половиной часа до рейса.

Значит, сегодня я выезжаю около трёх сорока пяти *(четырёх часов минус четверть)*.

– А обедать когда? Всё готово, ты заставляешь меня нервничать *(стрессируешь)*.

– Не беспокойся, поедим *(едим)* через полчаса.

А сейчас мне надо *(я должен)* идти собирать *(делать)* чемодан.

– Как? Ты ещё не собрал чемодан *(Твой чемодан ещё не готов)*?!.

12 QUELLE HEURE EST-IL ?

– Quelle heure est-il ?

– Il est presque midi. À quelle heure as-tu ton avion ?

– À six heures et quart.

– Il faut que tu te dépêches !

– Mais non, j'ai le temps !

– Pas vraiment… Il faut partir pour l'aéroport trois heures avant le vol.

Tu dois y aller à trois heures pile.

On met près de trois quarts d'heure pour y aller. Et si, en plus, il y a la queue au contrôle des passeports…

Et nous devons manger avant ton départ… Bref, tu n'es pas en avance.

– Je ne suis pas en retard non plus. Je prends toujours un taxi deux heures et demi avant le vol.

Donc, aujourd'hui, je pars vers quatre heures moins le quart.

– Et on déjeune quand ? Tout est prêt, tu me stresses.

– Ne t'inquiète pas, on mange dans une demi-heure.

Et maintenant je dois aller faire ma valise.

– Comment ? Ta valise n'est pas encore prête ?!

РАЗБИРАЕМ ДИАЛОГ
СЛОВА И ФРАЗЫ

→ **Six heure et (un) quart** : это выражение существует как с артиклем, так и без него.
→ За выражением **il faut que** следует повелительное наклонение – **le subjonctif**. Мы рассмотрим его позже.
→ **Y aller** : это местоимение заменяет предлог **à**, за которым следует направление. Например: **Il va à l'école**, *Он идёт в школу*. **Il y va**, *Он туда идёт*.
→ Слово **mettre** буквально означает *класть*, но существует много выражений, в котором его значение зависит от контекста. Здесь мы как бы посвящаем (вкладываем) время поездке.
→ Не забывайте о французском произношении даже в словах, которые очень похожи на русские: **co**n**trôle** – внимание, носовой звук! Или же **passepor**t – внимание, непроизносимая конечная согласная.
→ Сравните: **à deux heures**, *в два часа* и **vers deux heures**, *примерно в два часа*.
→ Глагол **faire** чрезвычайно продуктивен – с ним образовываются множественные выражения.
→ Помните, что непроизносимая конечная согласная в прилагательных женского рода начинает произноситься после добавления **e**: **prêt - prêt**e.

ВРЕМЯ СУТОК

Полдень, **midi**, и *полночь*, **minuit**, во французском языке имеют то же значение, что и в русском. Заметьте, что употребляются они без артиклей: **à midi**, *в полдень* ; **il est midi**, *полдень*. С послеобеденным временем и ночью дела обстоят иначе. Во французском языке существует отдельное слово, обозначающее промежуток времени с обеда до вечера. На русский это переводится как *после обеда, во второй половине дня* – **l'après-midi**. Внимание, **à deux heures du matin**, переводится на русский *в два часа ночи* (а не утра, при буквальном переводе).

♦ ГРАММАТИКА
ГЛАГОЛ ПОСЛЕ SI

Основное правило просто – во фразе, выражающей условие, после **si** ставится настоящее время. Его надо запомнить, так как в русском языке мы используем будущее время и употребление его по аналогии во французском является широко распространённой ошибкой: **Si je le vois, je lui donnerai le livre.** *Если я его увижу, я дам ему книгу.*

СТРУКТУРА ДЛЯ ОБОЗНАЧЕНИЯ ВРЕМЕНИ

Чтобы обозначить время, французский язык использует безличную структуру **il est**, (буквально, *он есть*). Она ставится перед указанием самого времени (цифры) и не изменяется в зависимости от числа, которое за ним следует: **Il est une heure.** *Час.* или **Il est dix heures et quart.** *Пятнадцать минут одиннадцатого.*

При вопросе делается инверсия: **Quelle heure est-il ?** *Который час?*

Запомните цифры от 1 до 23:

zéro	0	huit	8	seize	16
un	1	neuf	9	dix-sept	17
deux	2	dix	10	dix-huit	18
trois	3	onze	11	dix-neuf	19
quatre	4	douze	12	vingt	20
cinq	5	treize	13	vingt-et-un	21
six	6	quatorze	14	vingt-deux	22
sept	7	quinze	15	vingt-trois	23

ПУНКТУАЦИЯ И СИНТАКСИС

Пунктуация во французском языке несколько отличается от русской. Рассмотрим самые распространённые и нужные правила.

Запятая после **que**, *что*, не ставится, что является значительным отличием от русской пунктуации: **Elle dit qu'elle a un frère.** *Она говорит, что у неё есть брат.* Не ставится она также в сравнениях: **Il est plus petit que son ami.** *Он меньше, чем его друг.*

Запятая ставится, как и в русском языке, для разделения однородных членов в предложении, при перечислении. Французский выделяет запятыми обстоятельство и относящиеся к нему слова: **Aujourd'hui, il fait beau.** *Сегодня хорошая погода.* **À côté de la fenêtre, il y a une table libre.** *Возле окна есть свободный стол.*

При обращении, вводных словах или обособленом предложении также ставится запятая: **Marie, Tu viens ?** *Мари, ты идёшь?*

Запомните, что перед восклицательным и вопросительным знаками, двоеточием, точкой с запятой ставится пробел: **Viens-tu avec nous ?** *Ты пойдешь с нами?*

Как и в русском языке, перед запятой или точкой пробел не ставится, но после – обязательно. Фраза также начинается с большой буквы. Написание имён собственных в общих чертах соответствует правилам русского, за некоторыми исключениями, как например, национальность в качестве существительного будет писаться с большой буквы во французском: **Marie est Française.** *Мари - француженка.*

ГЛАГОЛ DEVOIR

Глагол **devoir**, *быть должным,* неправильный. Его спряжение нужно запомнить.

je dois, я должен/должна	**nous devons**, мы должны
tu dois, ты должен/должна	**vous devez**, вы должны
elle/il doit, она должна/он должен	**elles/ils doivent**, они должны

СЛОВАРЬ

heure (f), *час*
avion (m), *самолёт*
quart (m), *четверть*
vraiment, *действительно*
aéroport (m), *аэропорт*
avant, *до, за (временное)*
vol (m), *рейс, полёт*
devoir, *быть должным*
pile, *ровно, точно*
mettre, *класть, положить*
près de, *рядом с*
trois quarts d'heure, *три четверти часа*
en plus, *к тому же*
queue (f), *очередь, хвост*
contrôle (m), *контроль*
passeport (m), *паспорт*
départ (m), *отъезд*
bref, *короче, короткий*
en avance, *заранее*
demi, *половина*
aujourd'hui, *сегодня*
vers, *к (направление), около (примерное время)*
stresser, *вызывать стресс*
s'inquiéter, *волноваться*
maintenant, *сейчас*
minuit, *полночь*
après-midi, *вторая половина дня*

• УПРАЖНЕНИЯ

1. НАЙДИТЕ СЛОВО, ЗАТЕРЯВШЕЕСЯ СРЕДИ БУКВ.

a. MLAUQJOURDIK

b. SROLMINUITDMSSNO

c. LOHEUREKLUS

d. EHRVOLIE

2. ИСПОЛЬЗУЙТЕ СЛОВО ИЗ СПИСКА.

vers, près de, en plus, demain, ici

a. ...., il est beau.

b. Elle arrive .... six heures.

c. ...., il y aura du soleil.

d. Nous sommes .... la bibliothèque.

e. ...., il y a beaucoup de magasins.

3. ОТВЕТЬТЕ НА ВОПРОС QUELLE HEURE EST-IL ?

a. Три часа. → ....

b. Половина шестого. → ....

c. Час. → ....

d. Почти полдень. → ....

e. Ровно восемь. → ....

4. ВЫБЕРИТЕ ПРАВИЛЬНУЮ ФОРМУ ГЛАГОЛА.

a. je dois / doive

b. vous doivez / devez

c. ils doit / doivent

d. on doit / dois

e. tu dois / doit

11.
КВАРТИРА
UN APPARTEMENT

ЦЕЛИ УРОКА

- МЕТРИЧЕСКАЯ СИСТЕМА
- КВАРТИРА

ПОНЯТИЯ

- ПОНЯТИЯ
- УДАРНЫЕ МЕСТОИМЕНИЯ
- ОТРИЦАНИЕ
- ГЛАГОЛ FAIRE

РЕМОНТ

– Я покупаю квартиру.

– Вот так *(Какая)* новость! Значит, ты переезжаешь?

– Не сразу. Я должен сделать ремонт, а так как в квартире *(квартира делает)* сто квадратных метров, работы много *(есть работа)* …

Сначала я делаю кухню, ванную, туалет и спальню.

Остальное может подождать, а я *(так)* могу уже заселиться.

– А ты действительно сам делаешь?

– Нет, рабочие делают, а я руковожу работами и проверяю всё до последнего миллиметра.

Я в этом разбираюсь, это просто.

В зале уже есть паркет, а в ванной плитка.

Так что с полом ничего не делаем.

А вот *(зато)* потолок и стены надо красить.

И это мы делаем с моим шурином. Он – маляр.

– Краска на стенах?.. А я обожаю обои…

– Ты шутишь? Это теперь *(больше)* не модно.

– Ой, ну слушай, на вкус и цвет товарищей нет *(вкусы и цвета не обсуждаются)*!

А на окнах, ты наверняка устанавливаешь жалюзи?

– Конечно! Минималистично *(сдержанно)*. Уж я [точно] не хочу занавесок в цветочек!

LES TRAVAUX

– J'achète un appartement.

– Quelle nouvelle ! Tu déménages alors ?

– Pas tout de suite. Je dois faire des travaux et comme l'appartement fait cent mètres carrés, il y a du travail…

Je fais d'abord la cuisine, la salle de bains, les toilettes et la chambre.

Le reste peut attendre et comme ça je peux déjà emménager.

– Mais c'est vraiment toi qui fais ?

– Non, les ouvriers font et moi, je dirige les travaux et je vérifie tout jusqu'au dernier millimètre.

Je m'y connais, c'est facile.

Dans le salon, il y a déjà le parquet, dans la salle de bains – le carrelage.

On ne fait donc rien avec le plancher.

En revanche, il faut repeindre le plafond et les murs.

Et ça, nous le faisons avec mon beau-frère. Il est peintre en bâtiment, lui.

– La peinture sur les murs ? Moi, j'adore le papier peint…

– Tu plaisantes ? Ce n'est plus à la mode.

– Oh, écoute, les goûts et les couleurs ne se discutent pas !

Et sur les fenêtres, tu fais sûrement installer un store ?

– Bien sûr ! Sobre. Je ne veux pas de rideaux à fleurs, moi !

РАЗБИРАЕМ ДИАЛОГ
СЛОВА И ФРАЗЫ

→ **les travaux** : вы уже знаете слово *работа*, **le travail**. Во множественном числе, оно означает *ремонт*.

→ Глагол **faire**, *делать*, используется в многочисленных выражениях, теряя свой начальный смысл.

→ Слово **bain** переводится *ванна*, а в выражении **salle de bains** – *ванная комната*. Французская ванна **bain** напоминает по звучанию русскую баню!

→ Слово **les toilettes** понятно и без перевода. Можно ещё сказать **les WC**. Обратите внимание, что в обоих случаях слово употребляется во множественном числе.

→ Так же как и в русском, приставка может изменить смысл глагола. Сравните: **déménager**, *переехать, съехать*, (приставка **dé** приносит смысл удаления) и **emménager**, *заселиться*, (приставка **em** обозначает перемещение вовнутрь).

→ Вот ещё одно заимствование из французского языка: **parquet**, *паркет*. Конечное **t** не произносится!

→ Не забывайте о непроизносимом **s** на конце глаголов во втором лице единственного числа в настоящем времени: **tu plaisantes**.

→ Помните, что диакритический значок **accent circonflexe** зачастую помогает определить смысл слова: **sûr**, *точно*, а вот **sur** будет переводиться как *на* ; **mur**, *стена*, не должна переводиться как **mûr** – *спелый*.

МЕТРИЧЕСКАЯ СИСТЕМА

Да-да, именно от французов мы унаследовали современную метрическую систему. После великой французской революции 7 апреля 1795 года новая республика приняла следующие обозначения для измерений: **gramme**, *грамм*, **mètre**, *метр*, **litre**, *литр*. Позже эта более простая система « перекочевала » и в языки других стран.

ГРАММАТИКА
АПОСТРОФ

Вы уже неоднократно встречали своеобразную « верхнюю запятую ». Она называется апостроф – **apostrophe**. Апостроф указывает на элизию, то есть выпадение гласного (**e** или **a**) перед другим гласным в начале слова или же перед « немым » **h**. Наиболее часто апостроф встречается в определённых артиклях, односложных словах **ne**, **de**, **se**, **me**, **te**, **ce**, а также **que**: **C'est bien.** *Это хорошо.* **Elle n'a rien.** *У неё ничего нет*. Перед местоимениями **il** и **ils** союз **si** тоже теряет свою гласную : **S'il le veut.** *Если он это хочет.*

Некоторые слова (оканчивающиеся на **que**) тоже теряют конечную согласную: **jusque**, **lorsque**, **parce que**, **quoique** и несколько других. Например, **Jusqu'à demain.** *До завтра.* Обратите внимание, что слово **quelque** сокращается только в сочетании **quelqu'un**.

УДАРНЫЕ ФОРМЫ МЕСТОИМЕНИЙ

Мы уже изучили все местоимения, употребляющиеся с глаголом в качестве подлежащего (именительный падеж). Они схожи с русскими (за исключением отсутствующего во французском среднего рода, несуществующего в русском местоимения **on** и разделения на женский и мужской род во множественном числе). Рассмотрим еще один тип местоимений, который французский использует при самостоятельном их употреблении в отсутствии глагола или же при употреблении с предлогами (косвенные падежи). Они употребляются также, когда на них падает логическое ударение. Заметим, что многие местоимения совпадают по форме в обоих случаях. Остальные необходимо запомнить. Сравните: **Il fait ça.** *Он это делает.*

Qui fait ça ? – Lui. *– Кто это делает ? Он.*

Il fait ça, lui. *А он это делает.*

Singulier	
je	moi
tu	toi
elle	elle
il	lui

Pluriel	
nous	nous
vous	vous
elles	elles
ils	eux

ОТРИЦАНИЕ С ОТРИЦАТЕЛЬНЫМИ СЛОВАМИ

В разговорной речи классическое построение отрицания с **ne pas** может сводиться к **pas**, так как отрицательная частица **ne** зачастую опускается: **C'est pas moi**, *Это не я.*

Рассмотрим также случай замены нейтральной частицы **pas** такими словами, как **aucun(e)**, *никакой(ая)*, **plus**, *больше*, **rien**, *ничего*, **jamais**, *никогда*, **personne**, *никто* и некоторые другие. Запомните, что если одно из этих слов присутствует в отрицательном предложении, то **pas** в нём уже быть не может!

Например: **Ils n'ont aucun goût !** *У них совсем нет вкуса*; **Ce n'est rien**, *Ничего страшного (букв. Это ничего)*. Естественно, что сами отрицательные слова (кроме **pas**) могут сочетаться в одной фразе: **Elle ne sait jamais rien.** *Она никогда ничего не знает.*

В составных временах, которые мы рассмотрим позже, практически все отрицательные слова, включая **pas**, ставятся после вспомогательного глагола. Заметим, что слова **personne** и **rien** ставятся перед глаголом в качестве подлежащего и после – в качестве дополнения. Сравните: **Personne n'est libre.** *Никто не свободен.* но **Je ne vois personne**, *Я никого не вижу.*

▲ СПРЯЖЕНИЕ
ГЛАГОЛ FAIRE

Faire, *делать*, – неправильный глагол, относящийся к третьей группе.

je fais, я делаю	**nous faisons**, мы делаем
tu fais, ты делаешь	**vous faites**, вы делаете
il/elle fait, он/она делает	**ils/elles font**, они делают

Отметим, что в форме глагола **nous faisons** ai произносится не по правилам. Советуем вам внимательно прослушать аудиозапись упражнения 4, чтобы уловить правильное произношение.

СЛОВАРЬ

appartement (m), *квартира*
travaux (pl), *ремонт*
cent, *сто*
carré, *квадратный*
cuisine (f), *кухня*
salle de bains (f), *ванная комната*
toilettes (pl), *туалет*
chambre (f), *спальня*
reste (m), *остальное*
ouvrier (m), *рабочий*
diriger, *руководить*
jusque, *до*
dernier, *последний*
parquet (m), *паркет*
carrelage (m), *плитка, кафель*
plancher (m), *пол*
en revanche, *зато*
repeindre, *перекрасить*
plafond (m), *потолок*
mur (m), *стена*
beau-frère (m), *шурин*
peintre en bâtiment (m), *маляр*
peinture (f), *краска*
sur, *на*
adorer, *обожать*
papier (m) **peint**, *обои*
plaisanter, *шутить*
mode (f), *мода*
écouter, *слушать*
goût (m), *вкус*
couleur (f), *цвет*
se discuter, *обсуждаться*
sûrement, *конечно, наверняка*
installer, *устанавливать*

store (m), *жалюзи*
sobre, *простой, сдержанный, трезвый, минималистично*
rideau (m), *штора, занавеска*
fleur (f), *цветок*

● УПРАЖНЕНИЯ

1. ЗАПОЛНИТЕ ПРОПУСКИ СЛОВАМИ ИЗ СПИСКА.

toi – moi – elles – eux – tu – je

a. … sont petites.

b. Ils ne sont pas là, … .

c. Ce n'est pas … .

d. … fais ça ?

e. …, tu ne comprends rien !

f. … te parle !

2. УБЕРИТЕ ЛИШНЕЕ СЛОВО, ЕСЛИ НУЖНО.

a. Je ne lui dis pas rien. *Я ничего ей/ему не говорю.*

b. Ils ne sont pas jamais là. *Их никогда там нет.*

c. Nous ne sommes pas avec vous. *Мы не с вами.*

d. Personne n'est pas allé au cinéma. *Никто не пошёл в кино.*

3. ЗАМЕНИТЕ СУЩЕСТВИТЕЛЬНОЕ МЕСТОИМЕНИЕМ.

a. Je pense à papa. → Je pense à _ _ _.

b. Parle à ces garçons ! → Parle leur à _ _ _ !

c. Ils viennent avec leur sœur. → Ils viennent avec _ _ _ .

d. Charles téléphone aux jumelles. → Il leur téléphone à _ _ _ _ _ .

4. ВЫБЕРИТЕ ПРАВИЛЬНУЮ ФОРМУ.

a. nous faisons/fassions

b. tu fait/fais

c. il fais/fait

d. je fais/fait

e. vous faissez/faites

f. on fais/fait

g. elles font/faissent

12.
ПОГОДА
LA MÉTÉO

ЦЕЛИ УРОКА

- ГОВОРИТЬ О ПОГОДЕ
- ВРЕМЕНА ГОДА

ПОНЯТИЯ

- НАРЕЧИЕ
- УПРАВЛЕНИЕ ГЛАГОЛОВ
- БЕЗЛИЧНЫЕ ВЫРАЖЕНИЯ

ВРЕМЕНА ГОДА

– Что ж это за лето?

В течение нескольких часов *(делает)* жарко, потом *(делает)* холодно.

Уже и не знаю, как одеваться утром.

– Ну тебе не угодишь! *(Нет, ну ты – это что-то!)* Прекрати жаловаться.

Уже почти осень, нормально, что температура снижается ночью.

Нужно одеваться *(чтобы ты одевалась)* теплее утром, днём будет хорошая погода, но вечером будет прохладнее.

Зачем ты надеваешь сапоги? Не зима ведь!

– Я хотела надеть сланцы и [надеть] шорты, но [там] идёт дождь.

– Это была маленькая тучка… Дождя больше нет.

Снова отличная погода и *(делает)* достаточно тепло.

Надень *(твои)* кеды, надень *(твои)* джинсы.

– А дождь?

– Нужно взять лёгкую куртку или дождевик и зонтик на всякий случай *(в случае где)*.

– Да, ты прав. Спасибо за *(твои)* советы!

LES SAISONS DE L'ANNÉE

– C'est quoi cet été ?

Il fait chaud quelques heures, ensuite il fait froid.

Je ne sais même plus comment m'habiller le matin.

– Non mais toi, c'est quelque chose ! Arrête de te plaindre.

C'est presque l'automne, c'est normal que la température baisse la nuit.

Il faut que tu t'habilles plus chaudement le matin, dans la journée, il fera beau mais le soir, il fera plus frais.

Pourquoi tu mets tes bottes ? Ce n'est pas l'hiver non plus !

– Je voulais mettre mes tongs et un short mais il pleut.

– C'était un petit nuage de pluie… Il ne pleut plus.

Il fait très beau de nouveau et il fait assez doux.

Mets tes baskets, ton jean.

– Et la pluie ?

– Il faut qu'on prenne une veste légère ou un imperméable et un parapluie au cas où.

– Oui, tu as raison. Merci pour tes conseils !

■ РАЗБИРАЕМ ДИАЛОГ
СЛОВА И ФРАЗЫ

→ **M'habiller**: помните, что даже в неопределённой форме глагола местоименная частичка согласуется с подлежащим.

→ **Quelque**: это наречие прибавляется к многочисленным словам, образуя неопределённые формы: **quelque part**, где-то/где-нибудь, **quelque chose**, что-то/что-нибудь, **quelqu'un**, кто-то/кто-нибудь. С конечным **s** слово означает некоторые: **quelques**.

→ **Mettre** – очень нужный глагол. Он переводится и *надевать*, и *обувать*, и *одевать*, а также *ставить*, *вешать* и *класть*!

→ **Tes bottes, mes tongs**: французский язык всегда уточняет принадлежность предмета, добавляя при отсутствии артикля определяющее слово, которое в русском лишь подразумевается.

→ А если использовать слово **nuage** одно, оно будет означать *облако*.

→ Слово **basket** заимствовано из английского языка. В мужском роде оно означает *баскетбол*, а в женском – *кеда*, *кроссовка*.

→ Слово **jean**, *джинсы* – также заимствование из английского. Оно может писаться с **s** на конце даже в единственном числе, в таком случае конечная буква произносится. Тем не менее более распространённым является вариант без **s**. Во множественном числе получаем **des jeans**, но помним, что и здесь **s** не произносится. Говоря о джинсовой ткани, слово употребляется всегда без **s**.

ВРЕМЕНА ГОДА

Осень во Франции начинается 21 сентября, зима – 21 декабря, весна – 21 марта, а лето – 21 июня. Времена года в разных регионах Франции протекают по-разному в связи с климатическими особенностями: на Лазурном берегу вряд ли будет лежать снег даже зимой, а в горных районах первый снег может выпасть уже в конце октября. Французы часто говорят о погоде, начиная беседу. Это своего рода « дежурные фразы », которые полезно знать и которые могут пригодиться, чтобы растопить лёд с собеседником. Есть даже выражение **parler de la pluie et du beau temps**, *говорить о дожде и хорошей погоде*, которое означает «пустую» беседу, разговор «ни о чём».

♦ ГРАММАТИКА
НАРЕЧИЯ НА -MENT

Большое количество наречий во французском языке оканчивается на суффикс **-ment**. Обычно он прибавляется к прилагательному в форме женского рода, но некоторые прилагательные мужского рода, оканчивающиеся на гласную, тоже дают наречия. Сравните: **horizontal**, *горизонтальный* → **horizontale**, *горизонтальная*, **horizontalement**, *горизонтально*; **tranquille**, *спокойный/ая* → **tranquillement**, *спокойно*; **joli**, *красивый* → **joliment**, *красиво*.

Заметим, что есть и исключения, как например, **bref**, *короткий* → **brève**, *короткая*, **brièvement**, *коротко*; **gentil**, *милый* → **gentille**, *милая*, **gentiment**, *мило*; **profond**, *глубокий* → **profonde**, *глубокая*, **profondément**, *глубоко*.

ОБОЗНАЧЕНИЕ МОМЕНТА В СУТКАХ

Чтобы обозначить момент дня, используются существительные **le matin**, *утро*, **la nuit**, *ночь*, и **le soir**, *вечер*. Употребление существительного с артиклем указывает на постоянство или периодичность действия: **Il fait des courses le matin.** *Он делает покупки по утрам.* Для обозначения « сегодняшнего » утра французский использует указательное местоимение **ce**, *этот*: **Ce matin, elle est pressée.** *Сегодня утром она спешит.* Если речь идёт о вчерашнем или завтрашнем дне, а также о конкретном дне недели, существиельное употребляется без артикля: **Hier matin**, *вчера утром*; **mardi soir**, *во вторник вечером*.

Обратите внимание, что для перевода наречия *днём* или *ночью* французский употребляет выражение с предлогом **dans** во временном смысле: **dans la journée,** *днём, в течение дня*. Заметим, что слова **le matin** и **le soir** в этом случае меняются на **la matinée** и **la soirée**: **Je le vois dans la matinée.** *Я увижу его в течение утра/утром.*

▲ СПРЯЖЕНИЕ
УПРАВЛЕНИЕ ГЛАГОЛОВ

Одно из кардинальных отличий французской глагольной системы в том, что некоторые глаголы требуют употребления предлога, когда за ними следует другой глагол. Управление глагола берут на себя предлоги **à** и **de**, причём за каждым глаголом «закреплён» свой предлог. Их необходимо запомнить: **arrête de parler !** *прекрати разговаривать!* но **aider à manger**, *помогать* *есть*. В русском управление передаётся также посредством склонений существительных. Французские глаголы также используют предлоги перед следующими за ними существительными или местоимениями, причём иногда управление в двух языках не совпадает: **dire à quelqu'un**, *сказать кому-то*, но **aider quelqu'un**, *помочь кому-то (буквально – кого-то)*.

БЕЗЛИЧНЫЕ ВЫРАЖЕНИЯ

Большое количество безличных выражений, обозначающих явления природы образуются при помощи галгола **faire**, *делать*, который употреляется в 3-ем лице единственного числа. Заметим, что в этом случае используются прилагательные, в то время как переводятся они зачастую наречиями. Вот самые распространённые из них:

Il fait chaud, *жарко*.

Il fait froid, *холодно*.

Il fait frais, *прохладно*.

Il fait beau, *хорошая погода*.

Il fait mauvais, *плохая погода*.

Il fait doux, *тепло*.

Не только глагол **faire** учавствует в образовании безличных фраз. Запомните следующие выражения:

Il pleut, *идёт дождь* (глагол **pleuvoir** употребляется только в третьем лице единственного числа, в настоящем, прошедших или будущих временах).

Il y a du vent, *дует ветер*.

Il y a du soleil, *светит солнце*.

СЛОВАРЬ

temps (m), *погода*
saison (f) **de l'année**, *время года*
chaud, *горячий*
quelques, *несколько*
froid, *холодный*
s'habiller, *одеваться*
matin (m), *утро*
arrêter, *прекратить, перестать*
se plaindre, *жаловаться*
automne (m), *осень*
normal, *нормальный*
température (f), *температура*
baisser, *опустить, опуститься*
nuit (f), *ночь*
falloir, *требоваться, быть нужным*
chaudement, *горячо*
frais, *прохладный*
botte (f), *сапог*
hiver (m), *зима*
tong (f), *сланец*
short (m), *шорты*
nuage (m) **de pluie**, *туча*
nuage (m), *облако*
doux, *нежный, тёплый, мягкий*
basket (f), *кроссовка, кеда*
jean (m), *джинсы*
pluie (f), *дождь*
veste (f), *куртка, пиджак*
léger, *лёгкий*
impermeable (m), *плащ*
parapluie (m), *зонт*
cas (m), *случай*
au cas où, *на всякий случай, в случае чего*
raison (f), *причина, разум*
avoir raison, *быть правым*
pour, *за*
conseil (m), *совет*

● УПРАЖНЕНИЯ

1. ОБРАЗУЙТЕ НАРЕЧИЕ ОТ ПРИЛАГАТЕЛЬНОГО.

a. vertical → ....

b. chaud → ....

c. joli → ....

d. léger → ....

e. gentil → ....

2. ПОСТАВЬТЕ ПРАВИЛЬНЫЙ ПРЕДЛОГ, КОГДА ЭТО НЕОБХОДИМО.

a. Veux-tu (_) déjeuner ? *Ты хочешь есть?*

b. Ils m'aident (_) installer le rideau. *Они помогают мне повесить занавеску.*

c. Elle n'arrête pas (_ _) parler. *Она не перестаёт говорить.*

d. Je vais (_) chercher du pain. *Я иду за хлебом (купить хлеба).*

e. Nous partons (_) faire les courses. *Мы едем за покупками.*

3. ПЕРЕВЕДИТЕ СЛОВА.

a. ночь → la ....

b. утро → le ....

c. день → le ....

d. вечер → le ....

4. ПЕРЕВЕДИТЕ ФРАЗЫ.

a. Сегодня холодно. ....

b. Сегодня утром дует ветер. ....

c. Вечером прохладно. ....

d. Идёт дождь. ....

13. ПОСЛОВИЦЫ И ПОГОВОРКИ

LES PROVERBES ET LES DICTONS

ЦЕЛИ УРОКА

- ФРАЗЕОЛОГИЗМЫ
- ПЕРЕНОСНЫЙ СМЫСЛ

ПОНЯТИЯ

- УКАЗАТЕЛЬНЫЕ МЕСТОИМЕНИЯ
- КОНЕЧНАЯ СОГЛАСНАЯ
- ГЛАГОЛЫ НА -YER

ЧТО ПОСЕЕШЬ, ТО И ПОЖНЁШЬ

– Не понимаю я ваших пословиц.

– А мне кажется *(Я, я нахожу)*, что есть много очень схожих с вашими.

– Правда, есть: « Утро вечера мудренее » *(Ночь приносит совет)* или ещё « Там хорошо, где нас нет » *(Трава зеленее в другом месте)*.

Даже – «Ясно как дважды два – четыре» *(видеться как нос посередине лица)*.

Это логично и можно угадать смысл.

Но *(тогда,)* другие… Вообще неясно!

Как понять « Кто украдёт яйцо, украдёт [и] быка »?

Ну какая связь между *(с)* яйцами или животными?

Или ещё, « Дождь идёт верёвками »…

– Ну, эта лёгкая! Это значит, что очень сильный дождь.

И ты ещё не слышал наших скороговорок.

Хотя, в них нет *(искать)* смысла, *(тогда)* они могли бы тебе понравиться.

Попробуй повторить вот эту: знайте, мой дорогой Саша, что Наташа не привязала своего кота.

– Не хочу. Хотя это легко.

– Легко? Ну-ну, рассказывай *(Она хорошая эта)*.

15 QUI SÈME LE VENT, RÉCOLTE LA TEMPÊTE

– Je ne comprends pas vos proverbes.

– Moi, je trouve qu'il y en a beaucoup de très similaires avec les vôtres.

– C'est vrai qu'il y en a : « La nuit porte conseil » ou encore « L'herbe est plus verte ailleurs ».

Et encore – « Se voir comme le nez au milieu de la figure ».

C'est logique et on peut deviner le sens.

Mais alors pour d'autres… Ce n'est absolument pas clair !

Comment comprendre « Qui vole un œuf, vole un bœuf » ?

Mais quel rapport entre les œufs et les animaux ?

Ou alors « Il pleut des cordes »…

– Celui-ci est facile, allez ! Cela signifie qu'il pleut très fort.

Et encore, tu n'as pas entendu nos virelangues.

Remarque, il n'y a pas de sens à chercher, alors ils pourraient te plaire.

Essaie de répéter celui-là : « Sachez, mon cher Sacha, que Natacha n'attacha pas son chat. »

– Aucune envie. Même si c'est facile.

– Facile ? Elle est bonne celle-là.

■ РАЗБИРАЕМ ДИАЛОГ
СЛОВА И ФРАЗЫ

→ Помните, что после обозначающего количество наречия **beaucoup**, обязательно следует предлог **de**, а лишь затем существительное.
→ Вы, конечно же, знаете притяжательное прилагательное **votre**, *ваш*, *ваша*, *ваши*. Не путаем его с притяжательным местоимением, которое пишется с диакритическим значком **accent circonflexe** : **vôtre**. Мы рассмотрим эту форму позже.
→ Длинное слово **ailleurs** произносится *аёр*!
→ Помните, что в **au milieu** – **au** не что иное как **à + le**.
→ Безличная форма **on peut** переводится как *можно*.
→ Слово **absolument** – наречие. Как и многие наречия, оно оканчивается на **-ment**.
→ **Animal**, *животное*, образует неправильную форму множественного числа **– animaux**.
→ Указательные местоимения **celle-ci** и **celle-là** заменяют существительное и согласуются с ним в роде и числе. Здесь подразумевается слово женского рода **expression**, *выражение*.
→ **attacha** глагол в форме прошедшего времени **passé simple**, которое мы не будем рассматривать в этой книге.
→ **Aucune** – форма женского рода прилагательного **aucun**, которое мы уже встречали. Обратите внимание на произношение окончания.
→ У прилагательных **facile** и **logique** форма женского и мужского родов совпадает. Они могут переводиться на русский как прилагательные или наречия.

ФРАЗЕОЛОГИЗМЫ

On ne va pas tourner autour du pot ! (*Не будем ходить вокруг да около*!): фразеологизмы любого языка, пожалуй, самая сложная часть для иностранца. Переводить их сложно, грамматика зачастую отличается от современной, так как подобные выражения унаследованы из давних времён. Но именно этот пласт лексики придаёт языку тот неповторимый колорит, а иногда и напоминает нам о старинных обычаях и поверьях, совершенно забытых сегодня.

◆ ГРАММАТИКА
УКАЗАТЕЛЬНЫЕ МЕСТОИМЕНИЯ

Несмотря на то, что среднего рода во французском языке нет, указательное местоимение **cela**, *это,* максимально приближается к нему по смыслу. Оно функционирует в паре с местоимением **ceci**, обозначая нечто более удалённое от говорящего по сравнению с **ceci**. Отнесём к этой маленькой группе также указательные местоимения **ce** и **ça**, переводящиеся одинаково. Запомните, что эти местоимения всегда согласуются в единственном числе мужского рода. Они могут выступать в роли подлежащего или дополнения в предложении, но относятся только к неодушевлённым предметам. В разговорной речи чаще встречается местоимение **ça**, но **cela** звучит более элегантно: **Cela est clair**, *Это ясно* ; **Tu vois ça ?** *Ты видишь это?*

▲ ФОНЕТИКА
ПРОИЗНОСИМАЯ КОНЕЧНАЯ СОГЛАСНАЯ

Вы, конечно же, запомнили, что в большинстве случаев конечная согласная во французских существительных не произносится. Это общее правило, у которого есть исключения.

Вот примеры нескольких распространённых слов, в которых конечная согласная произносится: **tong**, *тонг, сланец*; **basket**, *баскет, кеда*; **short**, *шорт, шорты*; **sens**, *са~с, смысл*; **but**, *бют, цель*; **contact**, *ко~такт, контакт*; **cancer**, *ка~сер, рак*; **cil**, *силь, ресница*, причём в слове **sourcil**, *сурси, бровь*, конечная не произносится…

Есть также слова, в которых конечная согласная произносится в единственном числе, но становится «немой» во множественном: **un œuf**, *яйцо,* но **des œufs**, *яйца*; **un os**, *кость,* но **des os**, *кости*; **un bœuf**, *бык,* но **des bœufs**, *быки.*

▼ СПРЯЖЕНИЕ
ГЛАГОЛЫ НА -OYER И -AYER

tutoyer, *обращаться « на ты »*, также как и похожий на него по форме **essayer**, *пробовать, пытаться*, относятся к первой группе и имеют правильные окончания. Основа же слова представляет собой небольшую особенность.

* В глаголах на -**oyer** последняя буква корня **y** превращается в **i** в слоге перед «немым» глагольным окончанием, а точнее, когда за ней следует «немое» **e**: **je tutoie**, *я обращаюсь «на ты»*. Отметим, что это правило действительно и для глаголов на -**uyer**.

* Глаголы на -**ayer** следуют правилу в факультативном порядке. Таким образом, мы можем сказать **j'essaie** или **j'essaye**, *я пытаюсь*.

tutoyer, *быть «на ты»*

je tutoie	nous tutoyons
tu tutoies	vous tutoyez
il/elle tutoie	ils/elles tutoient

essayer, *пробовать, пытаться*

j'essaie / j'essaye	nous essayons
tu essaies / tu essayes	vous essayez
il/elle essaie / il/elle essaye	ils/elles essaient / ils/elles essayent

СЛОВАРЬ

semer, *сеять*
récolter, *жать, собирать*
tempête (f), *буря*
comprendre, *понимать*
trouver, *найти*
similaire, *похожий*
vrai, *настоящий*
porter, *носить*
encore, *ещё*
herbe (f), *трава*
vert, *зелёный*
ailleurs, *в другом месте*
même, *даже*
comme, *как*
nez (m), *нос*
milieu (m), *середина*
figure (f), *лицо*
logique, *логично, логичный*
deviner, *угадать*
sens (m), *чувство, смысл*
autre, *другой*
absolument, *абсолютно*
clair, *светлый, ясный*
voler, *красть, летать*
oeuf (m), *яйцо*
boeuf (m), *бык*
rapport (m), *отношение*
corde (f), *верёвка*
facile, *лёгкий*
signifier, *значить*
fort, *сильный*
entendre, *слышать*
virelangue (m), *скороговорка*
remarquer, *заметить*
essayer, *попробовать, попытаться*
savoir, *знать*
cher, *дорогой*
envie (f), *желание*

● УПРАЖНЕНИЯ

1. ВЫБЕРИТЕ ПРАВИЛЬНУЮ ФОРМУ.

a. – Est-ce ton idée ? – Non, c'est votre/la vôtre ! – *Твоя идея? – Нет, ваша!*
b. Ce sont vos/les vôtres problèmes. *Это ваши проблемы.*
c. Est-ce notre/le nôtre voisin ? *Это наш сосед?*
d. C'est notre/nos ami, mais c'est aussi la vôtre /le vôtre. *Это наш друг, но также и ваш.*

2. ПРОИЗНЕСИТЕ СЛЕДУЮЩИЕ СКОРОГОВОРКИ.

a. Ton thé t'a-t-il ôté ta toux ? *Помог ли чай тебе не кашлять?*
b. Seize chaises sèchent. *Шестнадцать стульев сохнут.*
c. Son chat chante sa chanson. *Её (его) кот поёт свою песню.*

3. УКАЖИТЕ СЛОВО С ПРОИЗНОСИМОЙ КОНЕЧНОЙ СОГЛАСНОЙ.

a. le bœuf
b. le cas
c. les sens
d. pour
e. les œufs
f. aller
g. le but

4. ВЫЧЕРКНИТЕ НЕПРВИЛЬНУЮ ФОРМУ.

a. Il le tutoye.
b. J'essaye.
c. Nous essaions.
d. Je le tutoie.
e. Vous essayez.

14.
У ВРАЧА
CHEZ LE MÉDECIN

ЦЕЛИ УРОКА

- ОПИСАТЬ САМОЧУВСТВИЕ
- ЧАСТИ ТЕЛА

ПОНЯТИЯ

- ВЫРАЖЕНИЯ СО СЛОВОМ MAL
- СТРУКТУРА С C'EST
- СОСЛАГАТЕЛЬНОЕ НАКЛОНЕНИЕ

ЗДОРОВЬЕ

– Доктор, я разбит *(усталый)*, у меня всё тело ломит.

[Не] могли бы вы выписать мне справку *(сделать сертификат)* для *(моей)* работы, чтобы я остался дома *(пожалуйста)*?

– У вас есть другие симптомы?

– У меня болят голова, шея, глаза, даже ресницы *(делают мне больно)*…

И *(потом)* боль в груди, мне трудно дышать.

Боль в коленях, в ногах…

– Удивительно… Ваше давление идеально, пульс в норме и температуры у вас нет.

– Вы не находите, что у меня горячий лоб?

– Вообще нет. Но если вы *(плохи)* плохо себя чувствуете, будем искать.

Дышите, не дышите. Откройте рот и высуньте язык.

Покажите *(мне ваши)* уши… Странно... Подождите…

– Что это? Укол?

– Нет, но так как вы больны, а я ничего не нахожу [у вас], сейчас я вам сделаю анализ крови…

– Нет, спасибо, доктор, я чувствую себя намного лучше… Даже очень хорошо!

И [вообще] *(потом)* мне надо *(идти)* на работу.

– Ах вот как *(А да)*? Ну и прекрасно *(тогда)*. Будьте здоровы *(Носите себя хорошо)*!

16 LA SANTÉ

– Docteur, je suis fatigué, j'ai des courbatures dans tout le corps.

Pourriez-vous me faire un certificat pour mon travail pour que je reste à la maison, s'il vous plaît ?

– Avez-vous d'autres symptômes ?

– J'ai mal à la tête, au cou, aux yeux, mêmes les cils me font mal…

Et puis mal à la poitrine, j'ai du mal à respirer.

Mal aux genoux, aux jambes et aux pieds…

– Étonnant… Votre tension est parfaite, le pouls est normal et vous n'avez pas de fièvre.

– Vous ne trouvez pas que mon front est chaud ?

– Pas du tout. Mais si vous êtes mal, on cherchera.

Respirez, ne respirez pas. Ouvrez la bouche et tirez la langue.

Montrez-moi vos oreilles… Étrange… Attendez…

– Qu'est-ce que c'est ? Une piqûre ?

– Non, mais puisque vous êtes malade et que je ne trouve rien, je vais vous faire une prise de sang…

– Non, merci, Docteur, je me sens beaucoup mieux… Même très bien !

Et puis il faut que j'aille au travail.

– Ah oui ? Eh bien, c'est parfait alors. Portez-vous bien !

■ РАЗБИРАЕМ ДИАЛОГ
СЛОВА И ФРАЗЫ

→ **Je suis fatigué**: в отличии от русского, использующего глагол *устать*, французский использует глагол *быть* в настоящем времени, плюс причастие прошедшего времени, согласующееся в роде и числе.

→ **fatigué** в женском роде имеет окончание **e**: **fatiguée**, а во множественном числе добавляется **s**: **fatigué(e)s**. Несмотря на разницу в написании произношение будет прежним.

→ **Pourriez-vous** – вежливая форма просьбы, которая переводится на русский отрицательной формой *не могли бы вы*. В случае обращения «на ты», мы скажем **pourrais-tu**.

→ **yeux** – неправильная форма существительного мужского рода **oeil**.

→ Слово **genou**, *колено*, образует неправильную форму множественного числа на **x**: **genoux**.

→ **Jambe** и **pied** переводятся словом *нога*. Разница в том, что **pied** обозначает нижнюю часть конечности, а ногу от бедра до щиколотки мы переводим словом **jambe**.

→ **Je vais faire**, *я сделаю*, - будущее составное время, которое мы рассмотрим позже.

МЕДИЦИНА ВО ФРАНЦИИ

У каждого гражданина Франции есть медицинская карта (**carte Vitale**), которая содержит информацию о её носителе и упрощает доступ к медуслугам. Консультация у врача и таблетки в аптеке возмещаются государственной страховкой (**Assurance maladie**). Врач заранее прописывает, к какой категории он относится: так называемый сектор 1 означает, что врач назначает за свои услуги цену, соответствующую гос. стандарту, и, таким образом, она полностью возмещается. Превышение стандартных цен и прочие расходы могут быть покрыты дополнительной платной страховкой.

◆ ГРАММАТИКА
ВЫРАЖЕНИЯ СО СЛОВОМ MAL

Слово крайне продуктивно в образовании выражений. Рассмотрим самые распространённые:

- **Avoir du mal à faire quelque chose**. *Испытывать трудности в чём-то, делая что-либо.* Например: **J'ai du mal à te voir**. *Я плохо тебя вижу.*

- **Être mal** в разговорной речи обозначает *плохо себя чувствовать* или *быть в затруднительной ситуации*. Говоря о здоровье, используются также выражения **se sentir** и **se porter mal**, *плохо себя чувствовать*.

- **Avoir mal** без артикля употребляется для обозначения боли, причём добавляя уточнение части тела, получаем следующие фразы: **J'ai mal.** *Мне больно;* **Tu as mal à la tête**. *У тебя болит голова.*

- Слово **mal** образует также фразы следующего типа с глаголом **faire**: **Mes yeux me font mal**. *У меня болят глаза (Мои глаза делают мне больно).*

Соответсвенно, чтобы задать вопрос, мы можем использовать следующие выражения: **Qu'est-ce qui te fait mal ?** или **Où as-tu mal ?** *Что у тебя болит?* Заметим, что прилагательное **malade** имеет тот же корень и не меняет форму в женском роде: **Est-elle malade ?** *Она больна?*

СТРУКТУРА С C'EST

Выражение **c'est** уже наверняка стало вам хорошо знакомым. Действительно, оно является одним из самых употребляемых и используется для введения в беседу предмета, понятия или собеседника. В большинстве случаев после **c'est** ставится неопределённый артикль: **C'est une table.** *Это стол.* Определённый артикль ставится, если существительное определяется дополнительным пояснением или другим существительным, указывающим на его принадлежность: **C'est la table de maman.** *Это стол мамы (собеседники знают, о каком именно столе они говорят).*

Данная структура позволяет также ввести выражения с прилагательными или наречиями. Зачастую они будут переводиться на русский фразой с наречием: **C'est parfait.** *Прекрасно.* **C'est bien.** *Хорошо.*

Заметим, что наречия, оканчивающиеся на **-ment**, которые мы рассматривали ранее, выражают во фразе образ действия, а после **c'est** мы употребляем скорее прилагательное. Сравните: **C'est facile.** *Это легко.* Но: **Il le fait facilement.** *Он легко делает это.*

▲ СПРЯЖЕНИЕ
СОСЛАГАТЕЛЬНОЕ НАКЛОНЕНИЕ

Le subjonctif – сослагательное наклонение во французском языке отличается от русского. В русском языке речь идёт о гипотетическом действии при определённых условиях. Это может быть желание или предвидение действия, которое образуется грамматически при помощи частицы *бы* и глагола в прошедшем времени.

Во французском сослагательное наклонение может быть настоящего и прошедшего времени. В этой книге мы кратко рассмотрим лишь форму настоящего времени.

Сослагательное наклонение выражает желание, обязательство, неуверенность, предположение, потенциальную возможность действия, сомнение в возможности реализации действия, его личную оценку. Речь идёт о действии, которое может произойти, но может и не произойти, то есть нет никакой объективной уверенности в этом действии или событии. Оно существует только в сознании говорящего, который изъявляет желание или, наоборот, сомнение по поводу обозначенного действия.

Мы не будем углубляться в данный сюжет, который является одним из сложнейших во французском языке. Запомните необходимую базу: чаще всего le subjonctif употребляется после союза **que**, *что, чтобы*, а также после выражения **il faut que**. Например: **Je veux que tu sois seul.** *Я хочу, чтобы ты был один.* (это моё желание, но не факт, что ты будешь один); **Il doute qu'elle vienne.** *Он сомневается, что она придёт.* (Он не верит в это событие, это его личное мнение, но никто не знает, придёт она или нет); **Il faut que tu saches.** *Надо, чтобы ты знал(а).*

Мы рассмотрим образование сослагательного наклонения настоящего времени позже.

СЛОВАРЬ

santé (f), *здоровье*
docteur (m), *доктор, врач*
fatigué, *уставший*
courbatures (pl), *ломота*
corps (m), *тело*
certificat (m), *сертификат, справка*
rester, *остаться*
maison (f), *дом*
symptôme (m), *симптом*
mal, *больно*, **mal** (m), *боль*
tête (f), *голова*
cou (m), *шея*
cil (m), *ресница*
poitrine (f), *грудь*
respirer, *дышать*
jambe (f), *нога*
pied (m), *нога*
étonnant, *удивительно*
tension (f), *давление*
pouls (m), *пульс*
fièvre (f), *температура*
trouver, *найти*
front (m), *лоб*
ouvrir, *открыть*
bouche (f), *рот*
tirer, *высунуть, вытащить*
langue (f), *язык*
montrer, *показать*
oreille (f), *ухо*
étrange, *странно, странный*
piqûre (f), *укол*
puisque, *так как*
malade, *больной*
sang (m), *кровь*
se sentir, *чувствовать себя*
mieux, *лучше*
se porter, *чувствовать себя*

● УПРАЖНЕНИЯ

1. ДОПОЛНИТЕ ФРАЗУ.

a. Nous .... mal aux pieds. *У нас болят ноги.*

b. Est-ce que tu te sens .... ? *Ты хорошо себя чувствуешь?*

c. Ils sont tous .... ! *Они все больны!*

d. J'ai de la .... *У меня температура.*

e. Comment vous ....-vous ? *Как вы себя чувствуете?*

2. ВЫБЕРИТЕ ПРАВИЛЬНОЕ СЛОВО.

a. C'est simplement / simple. *Это просто.*

b. Quel soir agréable / agréablement ! *Какой приятный вечер!*

c. Dis ça simplement / simple. *Скажи это просто.*

d. C'est étonnant / étonnamment ! *Удивительно!*

3. ОБРАЗУЙТЕ МНОЖЕСТВЕННОЕ ЧИСЛО.

a. genou, колено → ....

b. corps, тело → ....

c. œil, глаз → ....

d. front, лоб → ....

4. ЗАПОЛНИТЕ ТАБЛИЧКУ.

a. шея

b. голова

c. нога

d. тело

e. рот

f. язык

g. ухо

h. грудь

15.
КАНИКУЛЫ

LES VACANCES

ЦЕЛИ УРОКА

- ОБОЗНАЧИТЬ СОБЫТИЕ С МЕСЯЦЕМ
- ПРАЗДНИКИ

ПОНЯТИЯ

- МЕСЯЦЫ
- СРАВНИТЕЛЬНАЯ СТЕПЕНЬ
- СОСЛАГАТЕЛЬНОЕ НАКЛОНЕНИЕ

МЕСЯЦЫ ГОДА

– Январь *(месяц января)* нагоняет на меня тоску *(депрессию)*.

– [Это] почему?

– *(Это меня делает осознать)* Я осознаю, что это лишь начало года. Зима, в феврале будет ещё холоднее… Весна ещё далеко…

Так будет *(Это будет длиться)* до мая. Как говорится, одна ласточка весны не делает *(в апреле не раздевайся ни на нитку)*.

Я люблю лето *(я)*!

– А я *(что касается меня,)* люблю осень.

В сентябре и октябре падают листья, природа потихоньку засыпает, приходит *(устанавливается)* нежная меланхолия…

И в этот момент я уезжаю в *(беру)* отпуск.

Я всегда езжу *(смотреть)* в гости к своим друзьям, которые живут в Азии, и остаюсь у них в тепле в ожидании *(ожидая)* новогодних праздников *(конца года)*.

– А, ну *(Значит)* всё-таки ты предпочитаешь, когда тепло!

– Холоднее или более солнечно, в дружной *(хорошей)* компании всегда хорошо *(всё мне подходит)*.

А мои друзья приезжают во Францию на Рождество и остаются на Новый год с нами.

– Невероятно!

– Да, они ищут немного прохлады и обожают носить *(их)* свитера и ботинки.

У них этого нет. Они больше привыкли носить сандалии и купальники.

– Ох, как [же] я им завидую!

17 — MOIS DE L'ANNÉE

— Le mois de janvier me déprime...

— Pourquoi te déprime-t-il ?

— Cela me fait réaliser que c'est juste le début de l'année. C'est l'hiver, il fera encore plus froid en février... Le printemps est encore loin...

Ça va durer jusqu'en mai. Comme on dit, en avril ne te découvre pas d'un fil.

J'aime l'été, moi !

— Quant à moi, j'adore l'automne.

En septembre et octobre, les feuilles tombent, la nature s'endort tranquillement, une douce mélancolie s'installe...

Et à cette période, je prends mes congés.

Je vais toujours voir mes amis qui habitent en Asie et je reste chez eux au chaud en attendant les fêtes de fin d'année.

— Donc, tu préfères quand-même quand il fait plus chaud !

— Plus froid ou plus ensoleillé, en bonne compagnie, tout me va.

Et mes amis viennent en Francc à Noël et restent pour le Jour de l'An avec nous.

— Incroyable !

— Oui, ils cherchent un peu de fraîcheur et adorent porter leurs pulls et bottines.

Ils n'ont pas ça chez eux. Ils ont plus l'habitude de porter des sandales et des maillots de bains.

— Oh, comme je les envie !

■ РАЗБИРАЕМ ДИАЛОГ
СЛОВА И ФРАЗЫ

→ Глагол **faire**, *делать*, и следующая за ним неопределённая форма глагола образуют выражение, обозначающее действие, осуществляемое над его субъектом: **Il me fait arriver plus tard**, *Он заставляет меня приехать позже/Из-за него я приезжаю позже.* **Cela vous fait penser à beaucoup de choses**, *Это заставляет вас думать о многом.*

→ Внимание, запомните написание и не путайте **quant à** с наречием **quand**, *когда*. Зачастую их произношение совпадает. Сравните: **Quand elle viendra**. *Когда она придёт.* **Quant à elle…** *Что касается её…*

→ Буква **m** не произносится в слове **l'automne**. Внимательно прослушайте аудиозапись.

→ Форма **en attendant** – не что иное, как деепричастие. Зачастую на русский оно переводится словосочетанием с существительным, в данном случае *в ожидании*.

→ Помните, что глагольное окончание 3го лица множественного числа **ent** не произносится: **viennent**, *вьен*, **restent**, *рест*.

→ Мы уже обращали ваше внимание на периодическое несоответствие глагольного управления между двумя языками. В русском языке *завидуют кому-то*, во французском «кого-то»!

ПРАЗДНИКИ

Праздники во Франции – это святое! Каждый работающий на полной занятости человек набирает 5 недель в год оплачиваемого отпуска. К ним прибавляются многочисленные праздничные нерабочие дни (**jours fériés**): **le Jour de l'An**, *Новый год*, **Pâques**, *Пасха*, **Fête du travail**, *Праздник труда – 1 мая*, **Fête de la Victoire de 1945**, *День Победы (8 мая)*, **Ascension**, *Вознесение*, **Pentecôte**, *Пятидесятница*, **Fête Nationale du 14 juillet**, *День взятия Бастилии*, **Assomption**, *Успение Богородицы (15 августа)*, **Toussaint**, *День всех святых (1 ноября)*, **Armistice**, *Перемирие (11 ноября, речь идёт о Первой мировой войне)*, **Jour de Noël**, *Рождество (25 декабря)*.

◆ ГРАММАТИКА
МЕСЯЦЫ

Все существительные, обозначающие названия месяцев, мужского рода. Чаще всего они употребляются без артикля. Мы говорим **le mois de janvier**, *январь*. Для указания события с месяцем используется предлог **à**, который сливается с артиклем **le: au mois de janvier**, *в январе*, но мы можем также использовать предлог **en** непосредственно с названием месяца – **en janvier**, *в январе*. Запомните:

janvier, *январь*	**juillet**, *июль*
février, *февраль*	**août**, *август*
mars, *март*	**septembre**, *сентябрь*
avril, *апрель*	**octobre**, *октябрь*
mai, *май*	**novembre**, *ноябрь*
juin, *июнь*	**décembre**, *декабрь*

СРАВНИТЕЛЬНАЯ СТЕПЕНЬ ПРИЛАГАТЕЛЬНЫХ И НАРЕЧИЙ

Сравнительная степень уже встречалась вам в предыдущих уроках. Как и в русском, во французском языке качественные прилагательные образуют сравнительную и превосходную степени.

Сравнительная степень образуется при помощи слов **moins**, *менее*, **plus**, *более*, и **aussi**, *также*: **moins facile**, *менее лёгкий*; **plus clair**, *более светлый* ; **aussi profond**, *такой же глубокий*.

Заметим, что наречия тоже образуют сравнительные степени с этими словами : **il fait chaud**, *тепло* – **hier, il a fait plus chaud**, *вчера было теплее*.

Если во фразе присутствует слово, с которым сравнивается предмет, то после прилагательного ставится союз **que**: **Paul est moins gentil que Claire**, *Поль менее милый, чем Клер*.

▲ СПРЯЖЕНИЕ
СОСЛАГАТЕЛЬНОЕ НАКЛОНЕНИЕ

Рассмотрим образование формы настоящего времени сослагательного наклонения, **le subjonctif**, смысл и употребление которого мы изучили в прошлом уроке.

Формируется оно на базе формы глагола в 3м лице множественного числа в настоящем времени. Всё достаточно просто – убираем окончание и к основе добавляем окончания сослагательного наклонения:

Глагол	Настоящее время 3 лица множ. числа	Сослагательное наклонение
manger	ils mang-ent	que je mang-e
		que tu mang-es
		qu'il mang-e
		que nous mang-ions
		que vous mang-iez
		qu'ils mang-ent

Некоторые глаголы имеют неправильную базу в сослагательном наклонении. Их необходимо запомнить:

Глаголы **être** и **avoir**:

que je sois	que nous soyons
que tu sois	que vous soyez
qu'il/elle soit	qu'ils/elles soient

que j'aie	que nous ayons
que tu aies	que vous ayez
qu'il/elle ait	qu'ils/elles aient

Запомните базу следующих глаголов: **aller** → **j'aille**; **faire** → **je fasse**; **pouvoir** → **je puisse**; **savoir** → **je sache**; **vouloir** → **je veuille**.

ГЛАГОЛ DÉPRIMER

Глагол **déprimer** имеет значение *впадать в депрессию*, но также – *вызывать депрессию*, *угнетать*. Глагол относится к первому спряжению и является правильным.

je déprime	nous déprimons
tu déprimes	vous déprimez
il/elle déprime	ils/elles dépriment

Чтобы использовать глагол в его втором значении, к нему необходимо добавить прямое дополнение, а согласованное с ним подлежащие и будет выражать угнетающий фактор: **Il déprime, ça se voit.** *Видно, что он в депрессии* ; **Sa sœur le déprime**, *Его сестра вызывает у него депрессию.*

СЛОВАРЬ

vacances (pl), *каникулы*
mois (m), *месяц*
déprimer, *быть в депрессии, вызывать депрессию*
réaliser, *осознавать, осознать*
juste, *только*
début (m), *начало*
printemps (m), *весна*
loin, *далеко*
durer, *длиться*
se découvrir, *раздеваться*
fil (m), *нить, шнур*
quant à, *что касается*
feuille (f), *лист*
tomber, *упасть, падать*
nature (f), *природа*
s'endormir, *заснуть, засыпать*
mélancolie (f), *меланхолия*
s'installer, *устанавливаться, устраиваться*
période (f), *период*
congé (m), *отпуск*
habiter, *жить*
Asie (f), *Азия*
fin (f), *конец*
donc, *значит*
préférer, *предпочитать*
ensoleillé, *солнечный*
compagnie (f), *компания*
France (f), *Франция*
Noël (m), *Рождество*
Jour (m) **de l'An**, *Новый год*
incroyable, *невероятно*
peu, *немного, мало*
fraicheur (f), *свежесть*

pull (m), *свитер*
bottine (f), *ботильон*
habitude (f), *привычка*
sandale (f), *сандалия*
maillot (m) **de bain**, *купальник*
envier, *завидовать*

• УПРАЖНЕНИЯ

1. ЗАПОЛНИТЕ ПРОПУСК.

a. Les légumes sont .... chers que la viande. *Овощи дешевле мяса.*

b. Ce plat est .... petit que l'autre. *Это блюдо меньше другого.*

c. Avec nous c'est .... bien qu'avec vous ! *С нами также хорошо, как с вами!*

d. Notre ville est .... belle que la vôtre. *Наш город красивее вашего.*

2. ПРОИЗНЕСИТЕ ЗА ДИКТОРОМ.

a. mars

b. juin

c. juillet

d. août

e. novembre

f. décembre

3. СОГЛАСУЙТЕ ГЛАГОЛ В НАСТОЯЩЕМ ВРЕМЕНИ.

a. aimer → les enfants ....

b. se reconnaître → nos voisins ....

c. finir → ils ....

4. ДОБАВЬТЕ ГЛАГОЛ В СОСЛАГАТЕЛЬНОМ НАКЛОНЕНИИ.

a. remarquer → que je ....

b. savoir → que vous ....

c. attendre → qu'ils ....

d. avoir → que tu ....

e. donner → que nous ....

f. aller → qu'elle ....

g. vouloir → qu'il ....

h. être → qu'on ....

III

В ГОРОДЕ

16.
В ГОРОДЕ
EN VILLE

ЦЕЛИ УРОКА	ПОНЯТИЯ
• ОРИЕНТИРОВАТЬСЯ В ПРОСТРАНСТВЕ	• НАРЕЧИЯ И ПРЕДЛОГИ МЕСТА
• ЗДАНИЯ В ГОРОДЕ	• НАРЕЧИЯ Y И EN
• ВЕЖЛИВЫЙ ВОПРОС	• ГЛАГОЛ REVENIR

ДОРОГА

– Подскажите, пожалуйста *(могли бы вы мне сказать)*, где находится мэрия?

– Идите *(всё)* прямо и на перекрёстке поверните налево.

– Сразу *(Правильно)* после светофора?

– Да *(Но)* нет! Гораздо раньше *(Хорошо до)*. Вы увидите большую белую статую по правую руку *(на вашем право)*.

Вы ищете мэрию, не правда ли?

– Честно говоря *(правдиво сказать)*, я ищу кинотеатр.

Мне сказали, что он *(был)* за мэрией, между церковью и театром.

– Это так *(действительно)*, но добираться туда пешком *(не идите туда пешком, это достаточно)* далеко.

Возьмите электрический самокат или велосипед на станции перед фонтаном.

[Так] будет *(пойдёт)* быстрее.

– Благодарю вас за *(ваш)* совет!

Я хотела пойти туда с другом, который знает дорогу, но он там только был *(оттуда возвращается)* и не хочет туда снова *(идти)*…

🔊 18   LE CHEMIN

– Pourriez-vous me dire où se trouve la mairie, s'il vous plaît ?

– Allez tout droit et à l'intersection, tournez à gauche.

– Juste après le feu tricolore ?

– Mais non ! Bien avant. Vous verrez une grande statue blanche sur votre droite.

Vous cherchez la mairie n'est-ce pas ?

– À vrai dire, je cherche le cinéma.

On m'a dit qu'il était derrière la mairie, entre l'église et le théâtre.

– En effet, mais n'y allez pas à pied, c'est assez loin.

Prenez une trottinette électrique ou un vélo à la borne devant la fontaine.

Cela ira plus vite.

– Je vous remercie pour votre conseil !

Je voulais y aller avec un ami qui connaît le chemin, mais il en revient et ne veut plus y retourner…

▪ РАЗБИРАЕМ ДИАЛОГ
СЛОВА И ФРАЗЫ

→ Слово **mairie** дало в русском языке заимствование *мэрия*.
→ Слова с конечным суффиксом **-tion** всегда женского рода. В русском этот суффикс даёт окончание *-ция*: **la constitution**, *конституция*; **la révolution**, *революция* ; **la nation**, *нация* ; **l'ovation**, *овация*.
→ **Blanche** – женский род прилагательного **blanc**, *белый*. Обратите внимание на его особенное образование.
→ Внимательно прослушайте аудиозапись: при произношении **en effet** проявляется феномен связывания (см. урок 5). Таким образом, сначала произносится носовой звук, за которым следует *н: а~нэфэ*.
→ Ещё одно заимствование **la fontaine**, давшее в русском языке существительное мужского рода *фонтан*.
→ Прослушайте аудиозапись слова **conseil**. Произнесите *эй* на конце слова.
→ **Je voulais** форма прошедшего времени, которое называется **imparfait**.

ПАРИЖ

Мегаполис Париж – один из самых красивых городов мира – сердце страны с населением в 2,3 млн человек. С ближайшими пригородами, **les banlieues**, город насчитывает более 7 млн. Он поделён на 20 кварталов – **les arrondissements**. Даже если вы не запланировали экскурсию в один из многочисленных парижских музеев (**le Louvre**, **le musée d'Orsay**, **le musée de l'Homme**, **le musée Rodin**, **le Grand Palais** – всех и не перечислить), можно просто потеряться на улочках Латинского квартала или квартала **Saint-Germain**, пройтись по Елисейским полям или дойти до Эйфелевой башни на Марсовом поле… Каждая прогулка будет незабываемой!

◆ ГРАММАТИКА
ПРОСТРАНСТВО, НАРЕЧИЯ И ПРЕДЛОГИ

В отличие от русского, французский язык не ставит акцент на движение или его отсутствие с наречиями, ориентирующими нас в пространстве. Так, *находиться слева* или *повернуть налево* мы переведём одним наречием – **à gauche**. Сравните прилагательные и наречия, которые получаются при прибавлении предлога **à**, указывающего на направление движения:

droit/droite, *правый/правая* – **à droite**, *справа, направо*

gauche, *левый/левая* – **à gauche**, *слева, налево*

Прилагательное **droit/droite**, может также переводиться как *прямой/прямая*, что даёт перевод **aller tout droit**, *идти прямо*.

Добавляя предлог **sur**, *на*, с притяжательным местоимением, мы получаем фразу **sur votre (ma/leur) droite**, *по вашу (мою/их) правую руку*.

Предлоги **après**, **derrière** и **entre** используются непосредственно с существительными и артиклем: **derrière la maison**, *за домом*; **entre la maison et l'église**, *между домом и церковью*. Обратим ваше внимание на разницу между предлогами **avant**, *перед, до*, и **devant**, *перед*. **Avant** используется во временном значении: **avant mon arrivée à l'église**, *до (перед) моим приездом в церковь, до того, как я приехал в церковь*; **devant** – в значении физического расположения: **devant l'église**, *перед церковью*. Сравните: **Il est arrivé avant toi**, *он приехал перед тобой (раньше, временное значение)*; **Il tombe devant toi**, *он падает перед тобой (физически перед, пространственное значение)*.

НАРЕЧИЯ EN И Y

Наречия **y**, *там, туда*, и **en**, *оттуда, из, с*, выражают направление глаголов движения или местонахождение без движения.

Наречие **y** заменяет движение или местоположение с предлогами **à**, **dans**, **sur**, а **en** – с предлогом **de**: **La serviette est sur la table.** *Полотенце на столе.* – **Elle y est.** *Оно там;* **Je vais à l'aéroport.** *Я еду в аэропорт.* – **J'y vais.** *Я туда еду.* **Ils reviennent du carnaval.** *Они возвращаются с карнавала.* – **Ils en reviennent.** *Они оттуда возвращаются.*

Эти наречия всегда употребляются с глаголом, не имея самостоятельного использования: – **Il y est maintenant ?** *Он там сейчас?* – **Il y était, il en revient.** *Он там был, он только что оттуда.*

ГЛАГОЛ REVENIR

Глагол **revenir**, *возвращаться*, – неправильный. Спрягается он по типу глагола **venir**, *приходить*, который вы уже встречали ранее. Глагол **venir** ещё пригодится вам для образования прошедшего времени, поэтому его спряжение просто необходимо выучить наизусть:

je viens	nous venons
tu viens	vous venez
il/elle vient	ils/elles viennent

je reviens	nous revenons
tu reviens	vous revenez
il/elle revient	ils/elles reviennent

● СЛОВАРЬ

chemin (m), *дорога*
se trouver, *находиться*
mairie (f), *мэрия*
droit, *прямо*
intersection (f), *перекрёсток*
tourner, *повернуть*
gauche, *лево*
juste, *правильно, точно*
feu (m) **tricolore**, *светофор*
statue (f), *статуя*
blanc, *белый*
droite, *право*
à vrai dire, *честно говоря*
cinéma (m), *кинотеатр*
derrière, *сзади, за*
entre, *между*
église (f), *церковь*
théâtre (m), *театр*
en effet, *действительно*
à pied, *пешком*
assez, *достаточно*
loin, *далеко*
trottinette (f), *самокат*
électrique, *электрический*
borne (f), *станция*
devant, *перед*
fontaine (f), *фонтан*
vite, *быстро*
remercier, *благодарить*
revenir, *вернуться*
retourner, *вернуться, снова пойти, вернуть*
constitution (f), *конституция*
révolution (f), *революция*
nation (f), *нация*
ovation (f), *овация*

● УПРАЖНЕНИЯ

1. ЗАПОЛНИТЕ ПРОПУСК Y ИЛИ EN.

a. Nous .... revenons. *Мы оттуда возвращаемся*.

b. Tu .... vas ? *Ты идёшь туда?*

c. Allons- .... ensemble ! *Поехали туда вместе!*

2. ВСТАВЬТЕ ПОДХОДЯЩЕЕ НАРЕЧИЕ МЕСТА.

a. Leur maison est .... la mairie, *Их дом за мэрией*.

b. Il est loin .... moi, *Он далеко передо мной*.

c. Tournez .... à l'intersection, *Поверните направо на перекрёстке*.

d. Sur votre ...., vous voyez le marché, *По вашу левую руку вы видите рынок*.

e. Allez tout .... jusqu'à la fontaine, *Идите прямо до фонтана*.

f. Elle m'appelle toujours .... toi, *Она звонит мне всегда до тебя*.

3. СОЕДИНИТЕ ЧАСТИ ФРАЗ.

a. Ouvrez la fenêtre,   1. je ne connais pas le chemin.

b. Je voulais   2. il fait très chaud.

c. À vrai dire,   3. est devant le théâtre.

d. La borne de trottinettes   4. y aller seul.

4. ВЫБЕРИТЕ ПРАВИЛЬНУЮ ФОРМУ ГЛАГОЛА.

a. Ils viennent / vienne.

b. Tu vient / viens avec nous ?

c. Nous revienons / revenons de Paris.

17.
МАШИНА
UNE VOITURE

ЦЕЛИ УРОКА

- МАШИНА
- АВТОМАГИСТРАЛЬ
- ВИДЫ ТРАНСПОРТА

ПОНЯТИЯ

- ТРАНСПОРТ И ПРЕДЛОГИ
- ПРОШЕДШЕЕ ВРЕМЯ (ЧАСТЬ 1)
- ГЛАГОЛ FAILLIR
- ГЛАГОЛ PASSER

ЗА РУЛЁМ

– Не везёт мне с техникой. *(Когда)* из дома выходила, сломался лифт.

Села в *(взяла)* машину, кончился *(больше нет)* бензин. Еле доехала до заправки, слава Богу, она рядом с домом *(есть)*.

– Ну, теперь у тебя полный [бак].

– Я вообще не хотела ехать на машине. Рядом с домом Ришара и Мод сложно припарковаться.

– А в их здании нет парковки?

– Есть конечно, но у них самих две машины.

– Вот поэтому у меня её нет!

Я живу примерно в тридцати минутах пешком от работы, а в остальное время я езжу на метро, поезде или автобусе.

– У тебя же был мопед.

– Я его продал, только шлем оставил на память *(в воспоминание)*.

И правильно сделал: этот вид *(средство)* транспорта опасен.

Смотри на [все] эти мотоциклы, которые проезжают, не соблюдая ограничений скорости на автомагистрали. Этот точно мчит быстрее *(на больше)*, чем 130 км/час.

Ой, мы чуть не проехали наш выезд! Давай ты будешь моим вторым пилотом.

Смотри на указатели и скажи мне, когда мы подъедем к съезду 6b, направление Руан.

Я перестроюсь на правую полосу, чтобы съехать с автомагистрали. По идее, это сразу после пункта оплаты.

19 AU VOLANT

– Je n'ai pas de chance avec la mécanique. Quand je partais de la maison, l'ascenseur est tombé en panne.

J'ai pris la voiture, plus d'essence. Je suis difficilement arrivée à la station-service, Dieu merci, il y en a une à côté de la maison.

– Eh bien maintenant, tu as fait le plein !

– Je ne voulais pas du tout venir en voiture. C'est compliqué de se garer à côté de chez Richard et Maud.

– Mais n'y a-t-il pas de parking dans leur immeuble ?

– Si, bien sûr mais ils ont déjà deux voitures.

– Voilà pourquoi je n'en ai pas moi !

Je vis à une trentaine de minutes à pied de mon travail et le reste du temps, je prends le métro, le train ou le bus.

– Mais tu avais un scooteur.

– Je l'ai vendu, j'ai juste gardé le casque en souvenir.

– Tu as bien fait : ce moyen de transport est dangereux. Regarde ces motos qui passent sans respecter la limitation de vitesse sur l'autoroute. C'est sûr que celle-là fonce à plus de 130 km/h.

Oh, on a failli rater notre sortie ! Allez, tu vas être mon copilote.

Regarde les panneaux et dis-moi quand on arrive à la sortie 6b, direction Rouen.

Je me mettrai sur la file de droite pour sortir. Normalement, c'est juste après le péage.

■ РАЗБИРАЕМ ДИАЛОГ
СЛОВА И ФРАЗЫ

- → **Avoir de la chance**: выражение, обозначающее *повезти*.
- → **Tomber en panne**: выражение, обозначающее *сломаться*.
- → **Chez quelqu'un** буквально *у кого-то* подразумевает *у кого-то дома, в гостях*.
- → **Parking**: внимание, это заимствование произносится на английский манер, но ударение падает на последний слог. Ещё раз прослушайте аудиозапись.
- → **Je n'en ai pas**: **en** заменяет слово **voiture**, *машина*, о которой речь идёт в предыдущей фразе, чтобы избежать излишнего повтора и не говорить **Je n'ai pas de voiture**.
- → **Trentaine de minutes** переводится *примерно 30 минут*.
- → Заимствованное из английского языка слово мужского рода **scooter** может писаться также **scoot**eur.
- → Вы уже встречали слова **mètre**, **millimètre** и **centimètre**. Сокращение **km** – конечно же **kilomètre**, *километр*.
- → **Panneau** образует множественное число на **x**.
- → Обратите внимание на различные формы прошедшего времени: **je partais** – время **imparfait**; **est tombé**, **ai pris**, **a failli** – время **passé composé**. Мы рассмотрим их в разделе «спряжение».

ДОРОГИ ВО ФРАНЦИИ

Франция располагает отличной сетью дорог. Автомагистрали, **les autoroutes**, являются платными, оплата производится на специальных пунктах, а ограничение скорости зафиксировано на 130 км/ч. Помимо них есть более мелкие бесплатные дороги со скоростным ограничением 110 км/ч, **les routes nationales. Les routes départementales**, дороги без центрального разделения имеют ограничение скорости 80 км/ч. В населённых пунктах ехать быстрее 50 км/ч запрещено. Дорожные знаки в большинстве своём являются международными и понятны всем водителям.

◆ ГРАММАТИКА
ТРАНСПОРТ И ПРЕДЛОГИ

Французские глаголы движения зачастую не содержат в себе информации о способе перемещения, которое выражается дополнительным словом: **aller à pied**, *идти пешком*, **aller à vélo**, *ехать на велосипеде*, **aller en voiture**, *ехать на машине*.

Выражения с видами транспорта строятся при помощи предлогов **à** и **en**. Предлог **à** используется в случае, когда подразумевается перемещение на чём-то, управление транспортом «сидя на нём», а предлог **en** указывает на перемещение внутри какого-то вида транспорта, управление транспортом «сидя внутри». Сравните: **Il vient en train**, *он едет на поезде*, **elle y va en avion**, *она летит на самолёте*, **ils arrivent à cheval**, *они приедут на лошади*.

▲ СПРЯЖЕНИЕ
ПРОШЕДШЕЕ ВРЕМЯ *L'IMPARFAIT*

Вы уже видели несколько примеров прошедшего времени. Французская система времён сильно отличается от русской, в ней отсутствует понятие вида глагола, но французский насчитывает намного больше времён – несколько прошедших и будущих, а также понятие наклонения, своего рода отношение выраженного глаголом действия к реальности (**l'indicatif, l'impératif, le conditionnel** и **le subjonctif**). К тому же французские времена делятся на простые (образуемые непосредственно при помощи глагола) и составные (образуемые при помощи вспомогательного глагола).

В этой книге мы не будем рассматривать все времена, остановимся лишь на самых используемых в современном языке. Начнём с **l'imparfait**, простого прошедшего времени, которое используется для описания действия, состояния, незавершённого действия в прошлом. Нас не интересует результат этого действия, а лишь процесс его протекания. Часто это время употребляется для описания пейзажей, зарисовок или действий, которые происходят на протяжении какого-то времени, а также для описания привычек и повторяемых действий: **Tous les matins, il allait faire des courses**, *Каждое утро он ездил за покупками*. Мы используем его также для противопоставления «до этого» и «сейчас»: **Avant, j'avais un casque, maintenant, je n'en ai plus**, *Раньше у меня был шлем, теперь у меня его нет*. **L'imparfait** переводится на русский чаще всего при помощи глаголов несовершенного вида: **Il passait devant elle mais elle ne le voyait pas**, *Он проходил мимо неё, но она не видела его*.

L'imparfait образуется от базы глагольной формы первого лица множественного числа (**nous**) в настоящем времени при помощи следующих окончаний:

Глагол	1 л.мн. числа	l'imparfait
parler	nous parl-ons	je parl-ais
vendre	nous vend-ons	tu vend-ais
finir	nous finiss-ons	elle finiss-ait
ouvrir	nous ouvr-ons	nous ouvr-ions
pouvoir	nous pouv-ons	vous pouv-iez
manger	nous mange-ons	ils mange-aient

Если база глагола оканчивается на **i**, в окончаниях двух первых лиц множественного числа появляется двойное **i**: **nous vérifiions**.

Как и в настоящем времени, глаголы, база которых оканчивается на **c**, приобретают **ç** перед окончанием на **a**, чтобы сохранить звук с: **foncer – il fonçait**; в глаголах, база которых оканчивается на **g**, мы добавляем **e** для сохранения начального звука: **manger – je mangeais**.

База глагола **être** неправильная – **ét-**: **tu étais**.

Сочетание букв **ai** в корне глагола даёт необычное произношение **faire** во всех формах **imparfait**, вместо э мы произносим сочетание **eu**: **tu faisais**

Запомните также форму полезного безличного глагола **falloir**: **il fallait**, *нужно было*.

ГЛАГОЛ FAILLIR

Глагол **faillir**, имеете два значения: первое – потерпеть неудачу в чём-то, не иметь возможности осуществить действие; второе – чуть было не совершённое действие. В разговорной речи глагол используется в основном в прошедшем времени или в неопределённой форме: **Tu ne peux pas faillir !** *Ты не можешь потерпеть неудачу!*; **Elle a failli tomber**, *Она чуть не упала.*

ГЛАГОЛ PASSER

Глагол **passer**, *проезжать*, *проходить*, *передавать*, относится к первому спряжению и образует многочисленные выражения. Приведём примеры самых распространённых из них:

passer chez quelqu'un ou quelque part, *зайти к кому-то или куда-то*; **passer par**, *проехать, проходить через, по*; **passer les examens**, *сдавать экзамены*; **passer des examens médicaux**, *сдавать анализы*; **passer quelque chose à quelqu'un**, *передать что-то кому-то.*

СЛОВАРЬ

voiture (f), *машина*
volant (m), *руль*
chance (f), *шанс, удача*
mécanique (f), *механика, техника*
ascenseur (m), *лифт*
tomber en panne, *сломаться*
essence (f), *бензин*
difficilement, *сложно, с трудом*
station (f) **service**, *автозаправка*
heureusement, *к счастью*
le plein (m), *полный бак*
compliqué, *сложно*
se garer, *припарковаться*
parking (m), *стоянка, парковка*
immeuble (m), *здание*
vivre, *жить*
scooter (m), *мотороллер, скутер*
vendre, *продать*
garder, *оставить себе, хранить*
casque (m), *шлем*
souvenir (m), *воспоминание*
moyen (m), *способ, средство*
transport (m), *транспорт*
dangereux, *опасный*
regarder, *смотреть*
moto (f), *мотоцикл*
respecter, *уважать*
limitation (f) **de vitesse**, *ограничение скорости*
autoroute (f), *автомагистраль*
foncer, *гнать*
faillir, *не удасться, чуть не сделать что-то*
sortie (f), *выезд, выход*
copilote (m, f), *второй пилот*
panneau (m), *указатель, знак, панно*
direction (f), *направление*
file, voie (f), *путь, полоса (на дороге)*
sortir, *выехать, выйти*
normalement, *обычно*
kilomètre (m), *километр*

● УПРАЖНЕНИЯ

1. ВЫБЕРИТЕ МЕЖДУ À И EN.

a. Aller .... voiture.

b. Aller .... pied.

c. Aller .... métro.

d. Aller .... cheval.

e. Aller .... trottinette.

f. Aller .... avion.

2. ВСТАВЬТЕ ПОДХОДЯЩИЙ ПРЕЛОГ, ЕСЛИ НЕОБХОДИМО.

a. Il passe .... les voisins, *Он зайдёт к соседям.*

b. Je passe .... mes examens, *Я сдаю экзамены.*

c. Passe l'eau .... maman, *Передай маме воду.*

d. Passes-tu .... la ville ? *Ты проезжаешь через город?*

3. ПРОСЛУШАЙТЕ АУДИОЗАПИСЬ И ДОБАВЬТЕ ОКОНЧАНИЯ IMPARFAIT.

a. je fais ....

b. on fais ....

c. nous fais ....

d. vous fais ....

e. ils fais ....

4. ПОСТАВЬТЕ ГЛАГОЛ В IMPARFAIT.

a. penser → ils ....

b. se dépêcher → je ....

c. signifier → vous ....

d. diriger → elle ....

e. falloir → il ....

f. être → tu ....

18.
СПОРТЗАЛ

LA SALLE DE SPORT

ЦЕЛИ УРОКА	ПОНЯТИЯ
• ОПИСАТЬ СВОЮ СПОРТИВНУЮ ДЕЯТЕЛЬНОСТЬ	• ВЫРАЖЕНИЯ С FAIRE
	• SEUL
• СПОРТИВНЫЕ УПРАЖНЕНИЯ	• ГЛАГОЛЫ SAVOIR И CONNAITRE

ТРЕНИРОВКА

– Ух ты, здорово выглядишь *(у тебя вид в форме)*!

– Я иду *(возвращаюсь)* со своей утренней тренеровки.

Обожаю спорт: от него *(это делает)* мне хорошо и я получаю *(это мне даёт)* [заряд] энергии на [целый] день.

– Что именно ты делаешь?

– Когда как *(Это зависит от дней)*. Я занимаюсь *(хожу на)* спортом минимум три раза в неделю.

Занимаюсь йогой, качаюсь, и раз в неделю у меня частное занятие с тренером.

Если у меня есть время, добавляю тренировку на тренажёрах.

– Можно я пойду с тобой в следующий раз?

Я уже давно хочу начать, но один я не могу *(не получается)*. Я очень ленив…

– Конечно! Пойдём *(Иди)*, будем друг друга мотивировать. Знаешь, мне иногда тоже не хочется…

Я хотел бы поработать над грудными мышцами, [накачать] пресс и *(потом)* руки.

– Ты можешь уже начать [тренироваться] дома: чередуешь планку, приседания, отжимания и растяжку.

В своём ритме, не напрягаясь, по крайней мере в начале.

– Ух ты! У меня ощущение *(Я чувствую)*, что с тобой мне и тренер не нужен.

L'ENTRAÎNEMENT

– Waouh, tu as l'air en forme !

– Oui, je rentre de mon entraînement matinal.

J'adore le sport, ça me fait du bien et cela me donne de l'énergie pour la journée.

– Tu fais quoi exactement ?

– Ça dépend des jours. Je vais au sport minimum trois fois par semaine.

Je fais du yoga, de la musculation et je prends un cours particulier avec mon coach.

Si j'ai le temps, j'ajoute des entraînements sur les machines.

– Est-ce que je peux venir avec toi la prochaine fois ?

Je veux commencer depuis longtemps mais seul, je n'y arrive pas. Je suis très paresseux…

– Bien sûr ! Viens, on va se motiver mutuellement. Tu sais parfois, je n'ai pas envie non plus…

– Je voudrais travailler les pectoraux, les abdos et puis les bras.

– Tu peux déjà commencer chez toi : tu enchaînes planche, squats, pompes et étirements.

À ton rythme, sans forcer, au moins au début.

Cela peut te préparer doucement à l'entrainement plus intense.

– Waouh ! Je sens qu'avec toi je n'aurai même pas besoin d'un coach.

◼ РАЗБИРАЕМ ДИАЛОГ
СЛОВА И ФРАЗЫ

→ **Avoir l'air** выражение, которое переводится *казаться*, *быть*. Слово **l'air** означает *вид*, *выражение*, но также *воздух*.
→ Выражение **dépendre de** означает *зависеть от чего-либо или кого-либо* и употребляется с артиклем существительного, следующего за ним: в **ça dépend des jours** мы видим слияние предлога **de** и артикля **les**.
→ Пришедшее из латинского слово **le minimum**, *минимум*, имеет особое произношение, а также неправильное множественное число – **les minima**.
→ Для перевода предлога в выражении *раз в* мы используем предлог **par** и существительное без артикля: **une fois par mois**, *раз в месяц*.
→ **y** в предложении **je n'y arrive pas** заменяет предлог **à**, необходимый в выражении **arriver à faire quelque chose**, *удаваться что-либо сделать*, и всё предыдущее предложение, которое можно перефразировать, сказав *мне не удаётся это сделать, у меня не получается*.
→ **Non plus**, как и **aussi** обозначает *тоже*, но употребляется в отрицательных фразах.
→ **Je voudrais** – форма условного наклонения глагола **vouloir**, *хотеть*, являющаяся вежливым выражением просьбы или желания.
→ Точно как и **jambe** и **pied** (модуль 14), **bras** и **main** переводятся одним словом *рука*. **Bras** обозначает полностью верхнюю конечность, а **main** – кисть руки.
→ **Avoir besoin de** – выражение, означающее *нуждаться в*.

СПОРТ

Вы можете записаться в спортклуб (они бывают разных уровней и на разный доход), но существуют также частные тренеры, которые могут тренировать вас в клубе или на дому. Французы занимаются спортом до или после работы, а иногда и в обеденный перерыв. Нередко организуются коллективные занятия различными ассоциациями в муниципальных парках, а иногда и танцевальные встречи.

◆ ГРАММАТИКА
ВЫРАЖЕНИЯ СО СЛОВОМ FAIRE

Мы уже видели образование безличных выражений с глаголом **faire** Рассмотрим другие распространённые выражения.

Занятия спортом: **faire des pompes**, *качать пресс*, **faire du tennis**, *играть в теннис,* **faire de la musculation**, *качаться.*

Перемещения, требующие физического участия: **faire du vélo**, *кататься на велосипеде,* **faire de la trottinette**, *ездить на самокате,* **faire du cheval**, *заниматься верховой ездой.*

Другие устойчивые выражения: **faire sa valise**, *собирать чемодан*; **faire les courses**, *ходить за покупками*; **faire le marché**, *делать покупки на рынке*; **faire le mur**, *сбежать*; **faire la cuisine**, *готовить.*

Глагол **faire**, за которым следует неопределённая форма глагола, выражает идею побуждения к действию с различными нюансами: **faire manger son enfant**, *кормить своего ребёнка*; **faire revenir**, *заставить вернуться*; **faire venir quelque part**, *побудить прийти,* но также *позволить прийти куда-то.*

SEUL

Прилагательное **seul** имеет несколько значений. Оно может переводиться как *одинокий*, *единственный*, *единый*.

Seul согласуется с существительным в роде и числе: **Elle est seule ce soir.** *Она одна сегодня вечером.* **Les enfants mangent seuls.** *Дети едят одни.*

Seul может также выступать в роли ограничительного наречия: **Seul mon frère me comprend.** *Только мой брат понимает меня.* Но даже в этом случае **seul** согласуется с объектом, «ограничителем» которого он является. Если речь идёт о существительном, то **seul** ставится перед ним. В других случаях, ограничительное наречие будет стоять после относящегося к нему слова: **Seuls mes parents m'écoutaient.** *Только мои родители слушали меня.* **Toi seul(e), tu sais ce que tu veux.** *Только ты знаешь, что ты хочешь.*

▲ СПРЯЖЕНИЕ
ГЛАГОЛЫ SAVOIR И CONNAÎTRE

Глаголы **savoir** и **connaître** переводятся оба как *знать*. Иногда могут использоваться одинаково оба глагола: **Tu sais/connais ça très bien.** *Ты очень хорошо это знаешь.* Тем не менее они отличаются в употреблении.

Savoir обозначает полученное знание чего-то, в следствии изучения; **connaître** выражает более глубокое знание, а также знание существования чего-то.

Savoir служит для введения придаточного предложения или глагола: **Je sais que tu m'aimes.** *Я знаю, что ты меня любишь.* Глагол **savoir** служит для образования выражения **savoir faire quelque chose**, *уметь что-либо делать*: **Je sais faire du vélo.** *Я умею ездить на велосипеде.*

После **connaître** может стоять лишь номинативная группа (существительное, местоимение или словосочетание с существительным). Глагол **connaître** употребляется с одушевлёнными существитетельными или именами собственными, а также абстрактными понятиями. Он выражает знание ситуаций, мест и людей. Например: **Vous connaissez Paris ?** *Вы знаете Париж?* (уже были там? У вас есть этот пережитый опыт?) ; **On se connaît.** *Мы знаем друг друга.* **Il connaît bien Paul.** *Он хорошо знает Поля.* **Marie connaît tes problèmes.** *Мари знает о твоих проблемах.*

• СЛОВАРЬ

salle (f) **de sport**, *спортзал*
entraînement (m), *тренировка*
forme (f), *форма*
rentrer, *возвращаться*
matinal, *утренний*
sport (m), *спорт*
énergie (f), *энергия*
dépendre, *зависеть*
minimum (m), *минимум*
fois (f), *раз*
yoga (m), *йога*
musculation (f), *силовые тренировки*
particulier, *особенный, частный*
coach (f, m), *тренер*
ajouter, *добавить*
machine (f), *тренажёр*
prochain, *следующий*
commencer, *начинать*
depuis, *с (тех пор)*
longtemps, *долго*
arriver à, *получиться*
paresseux, *ленивый*
se motiver, *мотивировать себя, друг друга*
mutuellement, *обоюдно, взаимно*
parfois, *иногда*
travailler, *работать*
pectoraux (pl), *грудные мышцы*
abdos (pl), *пресс*
bras (m), *рука*
enchaîner, *чередовать*
planche (f), *планка*
squats (pl), *приседания*
pompes (pl), *отжимания*

étirements (pl), *растяжка*
rythme (m), *ритм*
forcer, *напрягать, заставлять*
préparer, *подготовить, приготовить*
doucement, *потихоньку*
besoin (m), *нужда*
air (m), *вид, выражение, воздух*
main (f), *рука*

● УПРАЖНЕНИЯ

1. ДОПОЛНИТЕ ВЫРАЖЕНИЕ.

a. Ils .... les courses le samedi. *Они ходят за покупками по субботам.*

b. Je .... ma valise. *Я собираю чемодан.*

c. C'est lui qui .... la cuisine ! *А готовит он!*

d. Tu .... manger les enfants ? *Покормишь детей?*

2. SAVOIR ИЛИ CONNAÎTRE ?

a. Est-ce que tu sais / connais Jacques ?

b. Nous savons / connaissons qu'il viendra.

c. Je sais / connais la France !

d. Elle ne le sait / connaît pas.

e. Est-ce que vous savez / connaissez faire du cheval ?

f. Ils se savent / se connaissent.

3. ВСТАВЬТЕ ПРАВИЛЬНУЮ ФОРМУ SEUL.

a. ...., elle sait préparer ce gâteau. *Только она умеет готовить этот торт.*

b. On laisse les enfants .... ce soir. *Сегодня вечером мы оставляем детей одних.*

c. C'est ton .... cadeau. *Это твой единственный подарок.*

d. Les filles partent .... *Девочки уезжают одни.*

4. СОГЛАСУЙТЕ ГЛАГОЛ В НАСТОЯЩЕМ ВРЕМЕНИ.

a. connaître → tu ....

b. savoir → je ....

c. savoir → ils ....

d. connaître → nous ....

e. savoir → elle ....

f. connaître → ils ....

g. savoir → vous ....

19.
НА РАБОТЕ

AU TRAVAIL

ЦЕЛИ УРОКА

- ДНИ НЕДЕЛИ
- КОМПЬЮТЕРНАЯ ЛЕКСИКА

ПОНЯТИЯ

- ДНИ НЕДЕЛИ И АРТИКЛЬ
- МЕСТОИМЕНИЯ
- БУДУЩЕЕ ВРЕМЯ (1 ЧАСТЬ)

В ОФИСЕ

– Понедельник – день тяжёлый *(По понедельникам это никогда не просто)*, но сегодня особенно: всё идёт не так *(начинается сильно)*.

Мой компьютер опять завис. И он не «видит» *(узнаёт)* мою флешку.

– Позвони в службу технической поддержки, пусть *(надо чтобы)* они проверят и обновят все программы.

– Точно, я им позвоню.

К тому же у меня не работают несколько клавиш на клавиатуре, я попрошу у них новую.

– Ты не мог бы попросить мышку и коврик для мышки для меня *(тоже пожалуйста)*?

Моё оборудование становится достаточно старым *(изношенным)*.

– ОК, я попрошу.

– О, смотри, на твоих наушниках повреждён шнур.

– Да, со среды или четверга прошлой недели.

Так *(Хорошо)*, я позвоню им сейчас.

Они заканчивают [работать] раньше, чем мы, не хочу их упустить.

AU BUREAU

– Le lundi ce n'est jamais simple, mais là, ça commence fort.

Mon ordinateur a encore planté. Et il ne reconnaît pas ma clé USB.

– Appelle le service informatique, il faut qu'ils vérifient et qu'ils mettent à jour tous les logiciels.

– Exact, je vais les appeler.

En plus j'ai plusieurs touches qui ne fonctionnent pas sur mon clavier, je vais leur en demander un nouveau.

– Pourrais-tu leur demander une souris et un tapis de souris pour moi aussi, s'il te plaît ?

Mon matériel commence à être assez vieux.

– OK, je vais demander.

– Oh, regarde, le fil de ton casque est abîmé.

– Oui, depuis mercredi ou jeudi de la semaine dernière.

Bon, je les appelle maintenant.

Ils finissent plus tôt que nous, je ne veux pas les rater.

◼ РАЗБИРАЕМ ДИАЛОГ
СЛОВА И ФРАЗЫ

→ Вы уже встречали глагол **commencer** в значении *начинать*, здесь слово используется со смыслом возвратного глагола - *начинаться*.
→ Прослушайте произношение аббревиатуры **USB**. Это заимствование, пришедшее во французский язык из английского.
→ **Qu'ils vérifient et mettent**: речь идёт о le **subjonctif**, но форма совпадает также с 3 лицом мн.ч. в настоящем времени.
→ Снова не совпадает глагольное управление: *звонить кому-то* во французском предполагает прямое дополнение.
→ В **en demander un** наречие en заменяет слово **clavier**.
→ **souris** означает *мышка (компьютер)*, а также мышь *мышь* (животное).
→ Глагол **commencer** управляет другими глаголами при помощи предлога à: **je commence à manger.**
→ Вы уже встречали слово le **casque** со значением *шлем*. Оно может обозначать также *наушники*.
→ **Planté** и **abîmé** формы причастия прошедшего времени, которое согласуется с существительным в роде и числе. Сравните: **le fil est abîmé**, но **la souris est abîmée.**

РАБОЧЕЕ МЕСТО

Французский офис имеет достаточно классическую организацию, конечно же со своими особенностями, в зависимости от сферы деятельности. И всё же в некоторых офисах прослеживаются многие нововведения, пришедшие во французскую реальность не так давно, например, **flex office** – отсутствие закреплённого за работником рабочего стола, позволяющее коллегам устраиваться там, где не занято… Или же **télétravail**, *«удалёнка»*, появившаяся в 2020 году и теперь уже закреплённая в уставе многих компаний. Нередко коллеги называют друг друга на «ты», даже когда речь идёт о людях, находящихся на разных ступенях иерархической лестницы.

◆ ГРАММАТИКА
ДНИ НЕДЕЛИ

Все дни недели мужского рода. Они могут употребляться с артиклем и без него, с указательным местоимением **ce**, что меняет смысл фразы.

Без артикля название дня недели употребляется, чтобы указать, когда происходит событие – *во вторник, в пятницу* и т.п.**: Jeudi, nous allons au cinéma.** *В четверг мы идём в кино.*

С определённым артиклем указывается повторяемое действие: **Le jeudi, nous allons au cinéma.** *По четвергам мы ходим в кино.*

С неопределённым артиклем акцент ставится на особенный день, единичное событие: **Un jeudi, nous sommes allés au cinéma.** *Однажды в четверг мы пошли в кино.*

С указательным местоимением **ce**: **Ce jeudi, nous allons au cinéma.** *В этот четверг мы идём в кино.*

Заметим, что когда название дня недели стоит перед событием, то оно обособляется в отличие от русского языка, в котором запятая не ставится.

МЕСТОИМЕНИЯ В РОЛИ КОСВЕННЫХ ДОПОЛНЕНИЙ

Косвенные дополнения, выраженные местоимениями заменяют одушевлённые существительные с предлогом **à**: **Il parle à sa soeur.** *Он разговаривает со своей сестрой.* – **Il lui parle.** *Он с ней разговаривает.*

moi	me (m')	мне
toi	te (t')	тебе
il, elle	lui	ему, ей
nous	nous	нам
vous	vous	вам
eux, elles	leur	им

Me и **te** «теряют» **e** перед словами, начинающимися на гласную или немое **h**: **Elle m'a dit (à moi).** *Она мне сказала.*

▲ СПРЯЖЕНИЕ
БЛИЖАЙШЕЕ БУДУЩЕЕ ВРЕМЯ

Во французском языке существует несколько будущих времён. В этой главе мы рассмотрим составное будущее время, обширно употребляющееся в разговорной речи. Оно называется **futur immédiat**, *ближайшее будущее,* и выражает идею действия, которое должно скоро произойти. На русский оно переводится со словами *сейчас* плюс будущее время, *собираться что-то делать*. В разговорной же речи это время употребляется как обычное будущее.

Образуется оно крайне просто: вспомогательный глагол **aller** согласуется с подлежащим в настоящем времени, а за ним следует неопределённая форма основного глагола: **je vais faire les courses**, *я сейчас пойду за покупками*.

Напомним спряжение неправильного глагола **aller**, *идти, ехать*:

je vais	nous allons
tu vas	vous allez
il/elle va	ils/elles vont

Заметим, что отрицательные частицы **ne pas** ставятся до и после вспомогательного глагола, а прямые и косвенные дополнения, выраженные местоимениями, ставятся между вспомогательным и основным глаголами: **Il ne va pas venir avec vous**, *Он не поедет с вами*; **Je vais le lui dire**, *Я это ей/ему скажу*.

• СЛОВАРЬ

bureau (m), *офис*
simple, *просто*
ordinateur (m), *компьютер*
planter, *сажать, зависнуть*
clé (f), *ключ*
clé (f) **USB**, *флешка*
service (m), *отдел, сервис*
informatique, *компьютерный, вычислительный*
mettre à jour, *обновить*
logiciel (m), *программа, программное обеспечение*
plusieurs, *несколько*
fonctionner, *работать, функционировать*
clavier (m), *клавиатура*
demander, *попросить, спросить*
souris (f), *мышка, мышь*
matériel (m), *материал, оборудование*
vieux, *старый, изношенный*
casque (m), *наушники*
abîmé, *повреждённый*
semaine (f), *неделя*
écouteurs (m, pl), *наушники*
lundi, *понедельник*
mercredi, *среда*
jeudi, *четверг*
vendredi, *пятница*
samedi, *суббота*
dimanche, *воскресенье*

● УПРАЖНЕНИЯ

1. ВСТАВЬТЕ НУЖНОЕ СЛОВО, ПРОСЛУШАВ АУДИОЗАПИСЬ.

a. Ils vont au théâtre le ....

b. ...., ils ne travaillent pas.

c. Venez avec nous .... !

d. À quelle heure le voyez-vous .... ?

e. Mon anniversaire, c'est ce ....

2. ВЫБЕРИТЕ ПРАВИЛЬНУЮ ФОРМУ.

a. Ce mardi/Le mardi/Mardi, je viens chez toi. *В этот вторник я приду к тебе.*

b. Le dimanche/Un dimanche/Dimanche, je vois ma mère. *По воскресеньям я встречаюсь с мамой.*

c. Ce jeudi/Le jeudi/Un jeudi, ils ont vu leur frère. *Однажды в четверг они увидели своего брата.*

d. Mercredi/Le mercredi/Un mercredi, les enfants français n'ont pas école. *По средам у французских детей нет школы.*

3. ЗАМЕНИТЕ ВЫДЕЛЕННОЕ СЛОВО КОСВЕННЫМ МЕСТОИМЕНИЕМ.

a. Tu ne dis pas bonjour <u>à moi</u>. → Tu ne .... dis pas bonjour.

b. Nous allons parler <u>au voisin</u>. → Nous allons .... parler.

c. Tu as acheté des fleurs <u>à Emma</u> ? → Tu .... as acheté des fleurs ?

d. Le médecin va faire une piqûre <u>aux enfants</u>. → Le médecin va .... faire une piqûre.

4. ПОСТАВЬТЕ ГЛАГОЛ В ФОРМУ БЛИЖАЙШЕГО БУДУЩЕГО ВРЕМЕНИ.

a. voir → je ....

b. demander → il ....

c. préparer → ils ....

d. rentrer → vous ....

20.
НА ПОЧТЕ

À LA POSTE

ЦЕЛИ УРОКА

- МУЗЫКАЛЬНЫЕ ИНСТРУМЕНТЫ
- ЛЕКСИКА ПОЧТЫ

ПОНЯТИЯ

- ПРЕВОСХОДНАЯ СТЕПЕНЬ
- ВЫРАЖЕНИЯ С ГЛАГОЛОМ JOUER
- ГЛАГОЛ ENVOYER

ОТПРАВИТЕЛЬ И ПОЛУЧАТЕЛЬ

– Я хотела бы отправить письмо за границу *(международное)*, в Германию, открытку в конверте и посылку.

– Проще всего будет напечатать этикетку в автомате напротив, рядом со стойкой.

– Мне нужен бланк для заказного письма с уведомлением о вручении.

– Вот он. А для посылки, у вас есть упаковка? Надо взвесить коробку и наклеить на неё марки.

– Ну… *(Тогда…)* самое сложное – это посылка. Я хочу отправить [вот] это…

– Это гитара или виолончель?

– Нет, это скрипка в чехле. Мой сын играет на скрипке.

– Хорошо хоть *(к счастью это)* не пианино… Так, [вещь] *(это вне шаблона)* негабаритная и хрупкая.

В таком случае, лучше всего *(самое практичное)* будет выбрать большую прямоугольную коробку, которую используют для перевозки товаров.

И я советую вам её застраховать.

– Могу я оплатить банковской картой?

– К сожалению, сегодня терминал не работает *(сломался)*, но вы можете снять наличные в банкомате в конце зала.

Но поторопитесь *(делайте как можно быстрее)*, так как мы скоро закрываемся.

22 — L'EXPÉDITEUR ET LE DESTINATAIRE

– Je souhaiterais envoyer une lettre à l'international, en Allemagne, une carte postale dans une enveloppe et un colis.

– Le plus simple est de les affranchir sur la machine en face, à côté du comptoir.

– Il me faut un formulaire pour une lettre recommandée avec accusé de réception.

– Le voici. Et pour le colis, avez-vous l'emballage ? Il faut peser le carton et mettre un timbre dessus.

– Alors… le plus compliqué c'est le colis. Je veux envoyer ça…

– C'est une guitare ou un violoncelle ?

– Non, c'est un violon dans son étui. C'est mon fils qui joue du violon.

– Heureusement, ce n'est pas un piano… Bon, c'est hors gabarit et c'est fragile.

Dans ce cas, le plus pratique serait de choisir une grande boîte rectangulaire qu'on utilise pour le transport des marchandises.

Et je vous conseille de l'assurer.

– Est-ce que je peux payer par carte bancaire ?

– Désolé, le terminal est en panne aujourd'hui, mais vous pouvez retirer des espèces au distributeur au fond de la salle.

Mais faites le plus rapidement possible car nous fermons bientôt.

■ РАЗБИРАЕМ ДИАЛОГ
СЛОВА И ФРАЗЫ

→ **L'Expéditeur** и le **destinataire**: иногда эти слова указаны на почтовых бланках, чтобы не запутаться в порядке их написания.

→ Управление глагола **souhaiter** «прямое», так как оно не требует никакого предлога: **souhaiter rencontrer son voisin**, *желать познакомиться (встретить) со своим соседом.*

→ **La machine** может переводиться как *автомат* или же как *тренажёр.*

→ Осторожно, слово **le violoncelle** мужского рода несмотря на свою форму, очень похожую на женский род.

→ **Un piano** – *пианино*, **un piano à queue** – *рояль.*

→ Прилагательное **désolé** обозначает *опустошённый, неутешный,* но в подобном контексте оно переводится как извинение – *простите, (мне) жаль.*

→ Вообще слово **fond** переводится как *дно,* но **au fond de** – выражение, означающее *в глубине, в конце.*

АДРЕС НА КОНВЕРТЕ

Во Франции адрес на конверте пишется "наоборот". Действительно, сначала пишутся имя и фамилия адресата, затем дом, улица и город, индекс и страна. Почтовые ящики обычно имеют два отверстия, над которыми написаны индексы направлений для письма. Конечно же, если бросить письмо в неправильную щёлочку, оно дойдёт, но скорее всего процесс займёт немного больше дней, так как письмо попадёт в ручную расфасовку. Письмо можно выслать "эко тарифом", доставка его займёт на пару дней больше, но это будет дешевле. Обычно доставка по Франции занимает 1-2 рабочих дня.

◆ ГРАММАТИКА
ПРЕВОСХОДНАЯ СТЕПЕНЬ

Превосходная степень прилагательных и дополнений образуется по одному принципу. Для образования превосходной степени прилагательных к их форме сравнительной степени прибавляется определённый артикль или притяжательное прилагательное: **Lise est grande**. *Лиза большая.* **Lise est plus grande que toi.** *Лиза больше тебя.* **Lise est la plus grande.** *Лиза самая большая.*

Сравнительная степень	Превосходная степень
Le scooter est plus dangereux que la voiture. *Скутер опаснее, чем машина.*	**C'est ma plus belle histoire.** *Это самая моя красивая история.*
Ma sœur est moins grande que maman. *Моя сестра меньше мамы.*	**C'est le transport le plus dangereux.** *Это самый опасный транспорт.*
Vos enfants sont aussi fatigués que les miens. *Ваши дети такие же уставшие, как и мои.*	**Ce sont les plus beaux enfants !** *Это самые красивые дети!*

Для образования превосходной степени наречий к их форме сравнительной степени прибавляется определённый артикль мужского рода **le**: **Paul mange vite.** *Поль ест быстро.* **Paul mange plus vite que moi.** *Поль ест быстрее меня.* **Paul mange le plus vite.** *Поль ест быстрее всех.*

Отметим, что некоторые прилагательные и наречия имеют неправильную форму сравнения.

прилагательное	сравнительная степень	превосходная степень
bon, *хороший*	meilleur, meilleure moins bon, moins bonne aussi bon, aussi bonne	le meilleur la meilleure
mauvais, *плохой*	pire moins mauvais aussi mauvais	le pire la pire
наречие	сравнительная степень	превосходная степень
bien, *хорошо*	mieux (que) moins bien (que) aussi bien (que)	le mieux
mal, *плохо*	pire moins mal aussi mal	le pire
beaucoup, *много*	plus (que) autant (que)	le plus
peu, *мало*	moins (que) aussi peu (que)	le moins

ВЫРАЖЕНИЯ С ГЛАГОЛОМ JOUER

Глагол **jouer**, *играть*, образует множество выражений, связанных с музыкальной или спортивной игрой. После глагола необходимо употреблять предлог **de** в случае игры на музыкальном инструменте, а предлог **à**, когда речь идёт о настольной игре или спорте.

Сравните : **tu joues du violoncelle**, *ты играешь на виолончели*; **vous jouez de la guitare**, *вы играете на гитаре*; но **nous jouons au loto**, *мы играем в лото*; **je joue aux échecs**, *я играю в шахматы*; **elle joue au tennis**, *она играет в теннис*.

Заметим, что можно также сказать **elle fait du tennis**, *она играет в теннис*, или **vous faites de la guitare**, *вы играете на гитаре*, но в этом случает речь будет идти о практике того или иного вида спорта или инструмента вообще, а не в данный момент.

ГЛАГОЛ ENVOYER

Глагол **envoyer**, *отправлять,* – относится к первому спряжению, но заменяет **y** на **i** перед непроизносимой **e**:

J'envoie, *я отправляю*	**nous envoyons**, *мы отправляем*
tu envoies, *ты отправляешь*	**vous envoyez**, *вы отправляете*
elle/il envoie, *она/он отправляет*	**elles/ils envoient**, *они отправляют*

• СЛОВАРЬ

souhaiter, желать
envoyer, отправить
lettre (f), письмо
international, международный
carte (f) **postale**, открытка
enveloppe (f), конверт
colis (m), посылка
affranchir, поставить штамп, наклеить марку
machine (f), аппарат
en face, напротив
comptoir (m), стойка
formulaire (m), бланк
lettre (f) **recommandée avec accusé de réception**, заказное письмо с уведомлением о вручении
emballage (m), упаковка, обёртка
peser, взвесить
carton (m), коробка
timbre (m), марка
dessus, на, поверх
guitare (f), гитара
violoncelle (m), виолончель
violon (m), скрипка
jouer, играть
étui (m), чехол
piano (m), пианино
hors gabarit, негабаритный, внегабаритный
fragile, хрупкий
pratique, удобный, практичный
choisir, выбрать
grand, большой
boîte (f), коробка
rectangulaire, прямоугольный
utiliser, использовать
marchandise (f), товар
conseiller, советовать, рекомендовать
assurer, застраховать
payer, платить, оплатить
carte (f) **bancaire**, банковская карта
désolé, опустошённый
terminal (m), терминал
retirer, снять (деньги)
espèces (pl), наличные
distributeur (m), банкомат
salle (f), зал
rapidement, быстро
possible, возможно
fermer, закрывать
loto (m), лото

• УПРАЖНЕНИЯ

1. ОБРАЗУЙТЕ ПРЕВОСХОДНУЮ СТЕПЕНЬ.

a. grand → .... *Самый большой.*

b. bien → .... *Лучше всего.*

c. mauvaise → .... *Самая плохая.*

d. peu → .... *Меньше всего.*

e. mal → .... *Хуже всего.*

2. ПЕРЕВЕДИТЕ СЛОВО В СКОБКАХ.

a. Il est .... (petit) de tous les frères. *Он самый маленький из всех братьев.*

b. Ton plat est .... (mauvais) que le mien. *Твоё блюдо такое же невкусное, как и моё.*

c. Ce marché est .... (grand) que l'autre. *Этот рынок больше, чем другой.*

d. Elle est .... (bonne) que moi. *Она лучше меня.*

3. ВЫБЕРИТЕ ПОДХОДЯЩИЙ ПРЕДЛОГ С АРТИКЛЕМ.

a. Ils jouent .... foot.

b. Je joue .... piano.

c. Est-ce que vous jouez .... guitare ?

d. Elle aime jouer .... échecs.

e. Tu ne joues pas .... tennis ?

4. ВЫБЕРИТЕ ПРАВИЛЬНУЮ ФОРМУ ГЛАГОЛА.

a. j'envoie / j'envoye

b. vous envoiyez / vous envoyez

c. ils envoyent / ils envoient

d. tu envoies / tu envoie

e. nous envoyons / nous envoiyons

21.
В АПТЕКЕ

À LA PHARMACIE

ЦЕЛИ УРОКА

- РАЗОБРАТЬСЯ С РЕЦЕПТОМ
- ЗАПЛАТИТЬ В АПТЕКЕ

ПОНЯТИЯ

- ЛИЧНЫЕ МЕСТОИМЕНИЯ И ГЛАГОЛ FALLOIR
- ПРОШЕДШЕЕ ВРЕМЯ (ЧАСТЬ II)
- ПОСТАНОВКА É И È

ЛЕКАРСТВА

– Мне надо всё, что *(находится на)* в рецепте, кроме лейкопластыря и спрея для носа. У меня ещё есть дома.

– Вы задекларировали вашего лечащего врача? Ах да... простите, *(теперь)* вижу.

– Дайте *(мне также)* упаковку парацетамола в таблетках *(чтобы глотать)* или пакетики растворимого аспирина.

Это продаётся без рецепта *(в свободной продаже)*, не правда ли ?

Я хотел бы ещё *(эти)* витамины и глазные капли.

– У нас нет в наличии *(разрыв склада)* одного из лекарств из вашего списка, но я могу его заказать *(для)* [, мы получим его] завтра утром.

– Отлично *(Это мне подходит очень хорошо)*. *(Я плачу)* Мне оплатить сейчас?

– Как хотите. Я уже провела вашу медицинскую карту для лекарств из *(вашего)* рецепта. У вас есть дополнительная страховка?

– Я уже её вам показал.

– Ах, да, благодарю вас. С вас *(это делает)* 26 евро и 20 центов за таблетки *(те)*, которые не покрываются [страховкой].

Вам нужен *(Желаете вы ваш)* чек?

– Нет, спасибо, не нужно *(необходимо)*.

23 — LES MÉDICAMENTS

– Il me faut tout ce qui se trouve sur l'ordonnance sauf les pansements et le spray nasal. J'en ai encore chez moi.

– Avez-vous déclaré votre médecin traitant ? Ah oui... pardon, je le vois maintenant.

– Donnez-moi également une boite de paracétamol en comprimés à avaler et des sachets d'aspirine soluble.

C'est en vente libre, n'est-ce pas ?

Je voudrais aussi ces vitamines et des gouttes pour les yeux.

– On est en rupture de stock pour un médicament de votre liste mais je peux le commander pour demain matin.

– Cela me va très bien. Je vous règle maintenant ?

– Comme vous le souhaitez. J'ai déjà passé votre carte Vitale pour les médicaments de votre ordonnance. Avez-vous une mutuelle ?

– Je vous l'ai déjà montrée.

– Ah oui, je vous remercie. Cela fait 26 euros et 20 centimes pour ceux qui ne sont pas remboursés.

Désirez-vous votre ticket ?

– Non merci, ce n'est pas nécessaire.

■ РАЗБИРАЕМ ДИАЛОГ
СЛОВА И ФРАЗЫ

- → **Ce qui** : согласуется в 3м лице единственного числа.
- → Слово **un pansement** переводится как *пластырь*, но также и как *повязка*, *бинт*. В первом значении его синонимом является существительное **un sparadrap**.
- → **En vente libre**, буквально – *в свободной продаже*, в данном контексте означает *продажу без рецепта*.
- → Слово **le stock**, *склад*, - заимствование из английского языка, откуда и «странное» написание окончания. **Ck** произносится одним звуком *к*.
- → **pour ceux qui ne sont pas remboursés**: язык стремится к экономии, поэтому **ceux** заменяет слово **médicaments**, о которых речь шла ранее.
- → **Cela fait** плюс сумма употребляется при выставлении счёта. Иногда добавляют личное местоимение: **Cela vous fait dix euros**, *С вас десять евро*.

АПТЕКА

Над входом в аптеку висит электронное табло в виде зелёного креста. Если он светится, означает, что аптека открыта. Фармацевт, **le pharmacien**, выдаёт лекарства по рецепту врача, некоторые из них возмещаются базовой государственной страховкой (по предъявлению медицинской карточки **la carte Vitale**), а для других нужна дополнительная страховка, **la mutuelle**. Существуют также лекарства, которые отпускаются без рецепта врача и должны быть оплачены полностью потребителем. Аптеки обычно работают днём и среди недели, закрыты в воскресенье, но всегда можно найти дежурную аптеку в районе, **une pharmacie de garde**, которая будет работать в выходные, на праздники, а некоторые – даже круглосуточно.

◆ ГРАММАТИКА
ЛИЧНЫЕ МЕСТОИМЕНИЯ И FALLOIR

Для выражения русского *нужно* во французском используется глагол **falloir** в третьем лице единственного числа, употребляющийся в данном случае с косвенными личными местоимениями. В настоящем времени местоимения ставятся непосредственно перед глаголом: **Il faut partir pour l'aéroport.** *Надо выезжать в аэропорт.* **Il nous faut un peu plus de temps.** *Нам необходимо немного больше времени.* **Qu'est-ce qu'il te faut ?** *Что тебе нужно?*

Заметим, что спряжение глагола **falloir** во всех временах сводится к употреблению лишь формы третьего лица единственного числа.

▲ СПРЯЖЕНИЕ
ПРОШЕДШЕЕ ВРЕМЯ (PASSÉ COMPOSÉ)

В 17м модуле мы рассмотрели одно из прошедших времён – **l'imparfait**. Второе прошедшее время, постоянно употребляющееся в современном языке, **passé composé**. Это составное прошедшее время, выражающее законченное действие, имеющее результат (или его отсутствие), протекавшее в течение определённого завершившегося отрезка времени, в отличие от **l'imparfait**, которое ставит акцент на само действие, процесс его протекания.

Passé composé образуется при помощи вспомогательного глагола (**avoir** или **être**) в настоящем времени и причастия прошедшего времени (**participe passé**) спрягаемого глагола. Образование **participe passé** довольно просто для двух правильных групп глаголов – оно оканчивается на **é** для первой группы и на **i** для второй: **racont**er – **racont**é, **donn**er – **donn**é, **fin**ir – **fin**i, **chois**ir – **chois**i.

Третья же группа имеет различные формы, которые необходимо запомнить. В конце книги вы найдёте список **participe passé** самых употребляемых неправильных глаголов. Запомните неправильный **participe passé** глаголов **avoir** – **eu** и **être** – **été**.

В отрицательной форме первая часть отрицательной частицы ставится перед вспомогательным глаголом, а вторая после него перед смысловым глаголом: **Je n'ai pas raconté ça.** Я этого не рассказывал(а). В случае возвратных глаголов, местоименная частица остаётся с вспомогательным глаголом: **Il ne s'est pas senti mieux.** Он не почувствовал себя лучше.

▼ ФОНЕТИКА
НАПИСАНИЕ ДИАКРИТИЧЕСКИХ ЗНАКОВ É И È

Мы уже видели, что буква **e** может писаться с **accent aigu** (**é**) и с **accent grave** (**è**). Рассмотрим базовое правило их написания в зависимости от произношения.

При выборе между ними необходимо помнить, что в открытом слоге (слоге, который заканчивается на гласную), пишется **é** для обозначения закрытого звука; а в закрытом слоге (который заканчивается на произносимую согласную) – **è** для обозначения открытого звука.

Сравните: **gé-nial**, *здорово*; **vé-lo**, *велосипед* (звук, близкий по звучанию с *е* в русском слове *мех*); **père**, *отец* (звук, близкий по звучанию со звуком в слове *эхо*).

Надстрочные знаки не пишутся перед двойной согласной, кроме комбинаций так называемых «неделимых» согласных с **r** и **l** – **br**, **gr**, **cl**, **fl** и т.д.: **poussette**, *коляска*, но **mètre**, *метр*; **fièvre**, *температура*. Точно также ставится **è** перед группами букв, дающими один звук – **ch**, **gn**, **qu**, за которыми следует немой **e**: **chèque**, *чек*; **mèche**, *прядь*.

В некоторых словах **è** пишется также перед конечной непроизносимой согласной : **après**, *после*.

Интересно пронаблюдать за сменой диакритического знака в спряжении настоящего времени глагола типа **régler**, *платить, регулировать, настроить*. Всё очень просто: когда за согласной следует непроизносимая гласная **e**, появляется и **è**:

je règle, *я плачу*	**nous réglons**, *мы платим*
tu règles, *ты платишь*	**vous réglez**, *вы платите*
elle/il règle, *она/он платит*	**elles/ils règlent**, *они платят*

• СЛОВАРЬ

pharmacie (f), *аптека*
médicament (m), *лекарство*
ordonnance (f), *рецепт*
sauf, *кроме*
pansement (m), *пластырь, повязка*
spray (m), *спрей*
nasal, *для носа, носовой*
déclarer, *заявить, задекларировать*
médecin (m) **traitant**, *лечащий врач*
comprimé (m), *таблетка*
avaler, *проглотить*
sachet (m), *пакетик*
soluble, *растворимый*
être en vente, *быть в продаже*
vente (f) **libre**, *продажа без рецепта*
vitamine (f), *витамин*
goutte (f), *капля*
rupture (f), *поломка, разрыв*
stock (m), *склад*
liste (f), *список*

commander, *заказать*
régler, *заплатить, урегулировать*
carte (f) **Vitale**, *медицинская карта страховки*
mutuelle (f), *дополнительная страховка*
rembourser, *возместить, возвратить*
ticket (m), *билет*
nécessaire, *необходимый*
chèque (m), *чек*
mèche (f), *прядь*

● УПРАЖНЕНИЯ

1. ПОСТАВЬТЕ ГЛАГОЛ В СКОБКАХ В PASSÉ COMPOSÉ.

a. Tu (avoir-trouver) mon livre ! *Ты нашёл/нашла мою книгу!*

b. Elle (avoir-acheter) une voiture. *Она купила машину.*

c. Vous (avoir-avoir) un cadeau. *Вам подарили подарок.*

d. Ils (avoir-appeler) trois fois. *Они звонили три раза.*

e. Il (être-partir) avant moi. *Он уехал до меня.*

2. ВЫБЕРИТЕ ПРАВИЛЬНОЕ ВРЕМЯ.

a. Il mangeait/a mangé quand le téléphone a sonné.

b. Chaque jour il a lu/lisait et elle regardait la télé.

c. Où as-tu trouvé/trouvais-tu ce vin ?

d. Je lui donnais/ai donné mon parapluie, je n'en ai plus.

3. НАЙДИТЕ ФОРМУ ПРИЧАСТИЯ ПРОШЕДШЕГО ВРЕМЕНИ.

a. utiliser → ....
b. choisir → ....
c. avoir → ....
d. retirer → ....
e. être → ....
f. tomber → ....

4. ПОСТАВЬТЕ ЗНАЧОК (É ИЛИ È).

a. nous ré/èglons

b. je ré/ègle

c. vous ré/èglez

d. ils ré/èglent

22.
ИНТЕРНЕТ
INTERNET

ЦЕЛИ УРОКА

- ЛЕКСИКА ИНТЕРНЕТА
- ПРОДИКТОВАТЬ АДРЕС СВОЕЙ ЭЛЕКТРОННОЙ ПОЧТЫ

ПОНЯТИЯ

- ОТНОСИТЕЛЬНЫЕ МЕСТОИМЕНИЯ
- СОГЛАСОВАНИЕ ПРИЧАСТИЙ
- ГЛАГОЛЬНАЯ ПРИСТАВКА RE-

СВЯЗЬ

– Здравствуйте, Николя, я хотела выслать вам смету, но у меня нет вашего адреса электронной почты.

Я попыталась найти его на вашем веб-сайте, но, кажется, он не работает *(не в сети)*.

– Да, у меня огромная проблема с сервером с утра. Сеть перегружена *(переполнена)*.

Я не могу ни просмотреть свою электронную почту, ни получить доступ к своему сайту.

Моё подключение *(сеанс)* было прервано, высвечивается сообщение об ошибке, [система] без конца запрашивает у меня мой логин и мой пароль, но всё равно *(однако)* не даёт мне доступ, чего я не понимаю

– Вы пробовали перезагрузить [компьютер]?

– Да, несколько раз… что наводит на мысль *(заставляет меня думать)*, что в моём компьютере вирус.

Даю вам мой адрес электронной почты: nicolaspain в одно слово *(всё связанно)*, собака, pain, точка com.

– Спасибо! Я записала *(это записано)*. Я вышлю вам электронное письмо попозже.

Если вдруг вы его не получите, проверьте в спаме: по каким-то причинам мои мейлы часто оказываются *(проходят)* в спаме.

– О, подождите! кажется *(у этого вид)*, снова работает. Да, точно *(Это тут есть)*! Всё снова работает *(функционирует)*.

LA CONNEXION

– Bonjour, Nicolas, je voulais vous envoyer un devis mais je n'ai pas votre adresse e-mail.

J'ai essayé de la trouver sur votre site internet mais il a l'air d'être hors ligne.

– Oui, j'ai un gros souci avec le serveur depuis ce matin. Le réseau est saturé.

Je n'arrive ni à consulter ma messagerie ni à accéder à mon site.

Ma session a été interrompue, un message d'erreur s'affiche, ça me demande sans cesse mon identifiant et mon mot de passe sans toutefois me donner accès, ce que je ne comprends pas.

– Avez-vous essayé de redémarrer ?

– Oui, plusieurs fois... Ce qui m'amène à croire que mon ordinateur a un virus.

Je vous donne mon adresse mail : nicolaspain tout en attaché, arobase, pain point com.

– Merci ! C'est noté. Je vous envoie un mail tout à l'heure.

Si jamais vous ne le recevez pas, vérifiez le courrier indésirable, pour une raison inconnue mes mails passent souvent dans les spams.

– Oh, attendez ! Ça a l'air de reprendre. Ça y est ! Ça fonctionne de nouveau.

■ РАЗБИРАЕМ ДИАЛОГ
СЛОВА И ФРАЗЫ

→ Электронная почта прочно вошла в нашу жизнь. Во французском существуют слова, обозначающие её **le courriel**, **le courrier électronique**, но наряду с ними присутствуют и заимствование из английского, имеющее несколько вариантов написания во французском: **mail**, **e-mail**, **mél**, бозначающие *электронную почту*.

→ **Un mot** обозначает *слово*, а **un mot de passe** – *пароль*. Заметим, что во французском есть ещё одно существительное женского рода – **parole**, но оно обозначает просто… *слово*.

→ **Arobase**, слово женского рода, используется для обозначения значка @ и переводится на русский *собака* или *собачка*.

→ Вы уже встречали глагол **amener**, *вести, отвести, привести*. В выражении **amener à croire**, **à penser** смысл меняется на *заставлять думать, верить*.

→ **Si jamais** нельзя переводить дословно! Выражение означает *если вдруг, если когда-нибудь*.

ИНТЕРНЕТ И ТЕЛЕФОННАЯ СЕТЬ

Подключиться к Интернету во Франции довольно легко – практически все гостиницы, а также большинство ресторанов и кафе предлагают подключение к **wifi** (произносится *уифи*), зачастую даже в муниципальных скверах появляется доступ к сети, а иногда и в официальных такси. Редки станции метро, в которых не проходит связь, а в театрах, кинотеатрах, опере и прочих культурных заведениях теперь чаще всего делается объявление с просьбой отключить мобильные телефоны (**les telephones portables**), чтобы не помешать представлению. В младших классах школ телефоны запрещены и иногда изымаются на входе.

◆ ГРАММАТИКА
ОТНОСИТЕЛЬНЫЕ МЕСТОИМЕНИЯ

Относительные местоимения позволяют ввести придаточное определительное предложение. Они замещают существительное, к которому они относятся, определяют его или уточняют, связывают придаточное предложение с главным. Во французском языке существуют неизменяемые формы относительных местоимений (**qui**, **que**, **quoi**, **dont** и **où**) и изменяемая форма (**lequel**). Рассмотрим самые распространённые и нужные местоимения – **qui**, **que** и **dont**.

qui, *который*, заменяет подлежащее главного предложения, будь то одушевлённый или неодушевлённый предмет, единственное или множественное число (внимание, глагол, следующий за **qui**, согласуется со словом, к которому **qui** относится): **L'homme qui te parle, est mon frère.** *Человек, который с тобой разговаривает, – мой брат.* **Les livres qui sont dans la bibliothèque, sont chers.** *Книги, находящиеся в библиотеке, стоят дорого.*

Когда **qui** заменяет целое предложение, выражая подлежащее, оно превращается в **ce qui**: **Je ne comprends pas ce qui se passe ici.** *Я не понимаю, что здесь происходит.* В этом случае глагол согласуется в 3 лице ед. числа.

que, *который*, заменяет прямое дополнение главного предложения, будь то одушевлённый или неодушевлённый предмет, единственное или множественное число: **L'homme, que tu connais, est mon frère.** *Человек, которого ты знаешь, – мой брат.* **Les livres que tu lis, sont chers.** *Книги, которые ты читаешь, стоят дорого.*

Когда **que** заменяет целое предложение, выражая прямое дополнение, оно превращается в **ce que**: **Je ne comprends pas ce que tu dis.** *Я не понимаю, что ты говоришь.*

dont, и **ce dont**, заменяют косвенное дополнение с предлогом **de**: **L'homme, dont tu parles, est mon frère.** *Человек, о котором ты говоришь, – мой брат.*

СОГЛАСОВАНИЕ ПРИЧАСТИЙ ПРОШЕДШЕГО ВРЕМЕНИ

В прошлом модуле мы рассмотрели образование **passé composé**. Все переходные глаголы, большинство непереходных, служебные глаголы (**avoir** и **être**) спрягаются с вспомогательным глаголом **avoir**. В этом случае причастие прошедшего времени (**participe passé**) остаётся неизменным (кроме некоторых случаев, когда, например, имеется прямое дополнение, выраженное личным местоимением и стоящее перед глаголом). Местоименные глаголы, глаголы «движения», а также некоторые другие глаголы спрягаются со служебным глаголом **être**, причём причастие прошедшего времени согласуется с существительным в роде и числе. Сравните: **Nous avons trouvé ton adresse.** *Мы нашли твой адрес.* **Il a trouvé un livre.** *Он нашёл книгу.*

но **Il s'est senti mal.** *Он плохо почувствовал себя.* **Elle s'est sentie mal.** *Она плохо почувствовала себя.* **Les voisins se sont sentis mal.** *Соседи плохо почувствовали себя.* **Les filles se sont senties mal.** *Девочки плохо почувствовали себя.*

Таким образом, для женского рода добавляется **e**, для множественного числа **s**, а когда речь идёт о множественном числе женского рода, то добавляются обе буквы – **es**.

▲ СПРЯЖЕНИЕ
ГЛАГОЛЫ DEMANDER И PRIER

Глаголы **demander** и **prier** переводятся *просить*, но у глагола **demander** будет дополнительное значение *спрашивать*, а у **prier** – *молиться*. В значении *попросить* и *спросить что-то у кого-то* употребляется **demander**: **Demande-lui où c'est.** *Спроси у него/неё, где это.* **Elle me demande un conseil**, *Она просит у меня совета.*

Глагол **prier** может имет прямое дополнение только в смысле *молиться*: **Ils prient tous les Dieux.** *Они молятся всем Богам.*

Однако оба глагола могут употребляться с предлогом **de**, за которым следует неопределённая форма глагола в смысле *просить кого-либо сделать что-либо*: **Il vous demande de venir**, и **Il vous prie de venir**, *Он просит вас прийти*. Заметим, что использование глагола **prier** придаёт фразе более официальный или церемонный характер. Это более вежливая манера попросить кого-либо сделать что-либо, в то время как **demander** в данной структуре может подчёркивать повелительный характер просьбы.

ГЛАГОЛЬНАЯ ПРИСТАВКА RE

Один из значений глагольной приставки **re-** – возобновление действия. Внимание, необходимо различать **re-** приставку и **re-** часть корня в некоторых глаголах: **faire**, *делать* – **re**faire, *сделать заново*; но **re**cevoir, *получить* (**re** является частью корня).

Запомните, что перед гласной приставка пишется **ré**, а перед согласной – **re**. Сравните: **utiliser**, *использовать* – **ré**tiliser, *снова использовать, использовать ещё раз*; **lire**, *читать* – **re**lire, *перечитать снова*; **écrire**, *писать* – **réé**crire, *переписать*. Некоторые глаголы, начинающиеся на гласную, «теряют» **e** из приставки: **ouvrir**, *открыть* – **rou**vrire, *снова открыть*; **envoyer**, *отправлять* – **re**nvoyer, *снова отправлять*.

● СЛОВАРЬ

internet (m), Интернет
connexion (f), связь
devis (m), смета
e-mail, mél (m), имейл, электронное письмо
site internet (m), веб-сайт
avoir l'air, казаться
hors ligne, вне сети
souci (m), проблема, сложность
serveur (m), сервер
réseau (m), сеть
saturé, перегружен
consulter, просмотреть, проконсультировать
messagerie (f), электронная почта автоответчик
accéder, получить доступ
session (f), подключение, сеанс
interrompu, прерван
message (m), сообщение
erreur (f), ошибка
s'afficher, высвечиваться, показываться
sans cesse, без конца
identifiant (m), логин
mol (m) **de passe**, пароль
toutefois, однако
accès (m), доступ
redémarrer, перезагрузить, снова начать работать
virus (m), вирус
attaché, связанный, привязанный
arobase (f), собака, собачка
point (m), точка
si jamais, на всякий случай
recevoir, получить
courrier (m), почта
indésirable, нежелательный
courrier (m) **indésirable**, спам
souvent, часто
de nouveau, снова
livre (m), книга
Dieu (m), Бог
lire, читать
écrire, писать

● УПРАЖНЕНИЯ

1. ВЫБЕРИТЕ ПОДХОДЯЩЕЕ МЕСТОИМЕНИЕ.

a. La fille .... je connais.

b. Les gens .... tu m'as parlé.

c. Le livre .... tu m'as donné.

d. Le film .... est à l'affiche.

e. Entends-tu .... je dis ?

f. Les enfants .... jouent.

2. СОГЛАСУЙТЕ ПРИЧАСТИЕ, ЕСЛИ НУЖНО.

a. Elle est parti .... hier. *Она уехала вчера.*

b. J'ai acheté .... un pull. *Я купил/а свитер.*

c. Elsa m'a donné .... ce plat. *Эльза дала мне это блюдо.*

d. Les enfants sont parti .... en vacances. *Дети уехали на каникулы.*

3. ОБРАЗУЙТЕ НОВЫЙ ГЛАГОЛ ПРИ ПОМОЩИ ПРИСТАВКИ RE.

a. faire → ....

b. ouvrir → ....

c. essayer → ....

d. monter → ....

e. écouter → ....

f. commencer → ....

4. ВЫБЕРИТЕ ПОДХОДЯЩИЙ ГЛАГОЛ.

a. On te prie/demande où est ton ticket. *У тебя спрашивают, где твой билет.*

b. Je vous prie/demande de revenir mardi. *Я прошу вас вернуться во вторник.*

c. Marie lui demande/prie une cigarette. *Мария просит у него сигарету.*

23.
ПОКУПКИ

LE SHOPPING

ЦЕЛИ УРОКА	ПОНЯТИЯ
• СЧЁТ ЭТАЖЕЙ • ЦВЕТА	• УДАРНЫЕ ПРИТЯЖАТЕЛЬНЫЕ МЕСТОИМЕНИЯ • СОГЛАСОВАНИЕ ЦВЕТОВ • ПРОСТОЕ БУДУЩЕЕ ВРЕМЯ

УНИВЕРСАЛЬНЫЙ МАГАЗИН

– [Подскажите], пожалуйста, где находится *(я ищу)* женская одежда и обувь.

– Женская одежда *(мода)* [находится] на четвёртом этаже, обувь на шестом, после игрушек и мебели, там будет жёлтая вывеска.

– Ещё мне надо будет купить *(взять)* чистящие средства для дома.

– Да, конечно, это на минус первом [уровне], рядом с инструментами и *(зелёными)* растениями.

Вы можете воспользоваться эскалатором в центре зала на первом этаже между отделом аксессуаров и ювелирными изделиями.

С вашей коляской это будет удобнее. Это ведь ваша [коляска]?

Вы увидите большие фиолетовые и чёрные шляпы, их видно издалека, поверните налево сразу после.

– Спасибо большое, вы очень любезны *(милы)*. Ещё мне будет нужно шампанского, хорошего красного вина и фуа-гра.

– Вы найдёте [всё] это в отделе деликатесов на последнем этаже перед нашим панорамным рестораном.

Наш сомелье будет рад порекомендовать вам [что-нибудь].

– Ещё раз благодарю вас *(, Господин)*!

– Рад помочь *(на вашей службе, Госпожа)*! Обращайтесь *(Не колебайтесь)*, если у вас будут другие вопросы.

25 LES GRANDS MAGASINS

– S'il vous plait, je cherche les vêtements et les chaussures pour femme.

– La mode féminine est au troisième étage, les chaussures sont au cinquième, après les jouets et les meubles, il y aura un panneau jaune.

– Je devrai prendre aussi des produits ménagers.

– Oui, bien sûr, c'est au moins un, à côté des outils et des plantes vertes.

Vous pouvez emprunter l'escalator au milieu de la salle au rez-de-chaussée, entre le rayon des accessoires et des bijoux.

Avec votre poussette ce sera plus pratique. Est-ce bien la vôtre ?

Vous verrez de grands chapeaux violets et noirs, on les voit de loin, vous tournerez à gauche juste après.

– Merci beaucoup, vous êtes adorable. J'aurai besoin également de champagne, de bon vin rouge et de foie gras.

– Vous trouverez cela au rayon gourmet au dernier étage, devant notre restaurant panoramique.

Notre sommelier sera ravi de vous conseiller.

– Je vous remercie encore, Monsieur !

– À votre service, Madame. N'hésitez pas si vous avez d'autres questions.

▪ РАЗБИРАЕМ ДИАЛОГ
СЛОВА И ФРАЗЫ

→ **Les grands magasins**, конечно же большие, но они являются не чем иным, как нашим *универмагом*.

→ На письме **s'il vous plaît** иногда обозначают сокращением **SVP**. Например, в приглашениях, на которые нужно ответить, пишется: **réponse avant le 25 février, SVP**. Это означает, что ответ по поводу своего присутствия необходимо дать до этой даты.

→ *Мебель*, **meubles**, во французском языке множественного числа. В единственном числе слово употребляется для обозначения определённого предмета мебели.

→ **Il y aura** – не что иное, как будущее время хорошо знакомого вам выражения **il y a**, *есть*.

→ **RDC** – сокращённое обозначение **rez-de-chaussée**, который переводится на русский как *первый этаж*. Соответственно, счёт этажей во Франции не совпадает с нашим – первый французский этаж будет нашим вторым, второй – третьим и так далее.

→ **Foie gras** – один из самых известных французских деликатесов. Речь идёт о *гусиной печени*.

УНИВЕРМАГИ

Во Франции существует огромное количество небольших магазинов и лавок: бакалейные, винные, булочные, обувные, специализирующиеся на каких-то продуктах или товарах… Но есть также понятие **Grands Magasins**, без которых сложно представить Францию. Достаточно вспомнить книгу Эмиля Золя "Дамское счастье", в которой писатель описывает рождение этого явления. В Париже это **Le Bonmarché** и **la Samaritaine**, а также **Les Galeries Lafayette** и **Le Printemps**, которые можно найти и в других крупных городах.

◆ ГРАММАТИКА
УДАРНЫЕ ПРИТЯЖАТЕЛЬНЫЕ МЕСТОИМЕНИЯ

Вы, конечно же, знаете притяжательное прилагательное **votre**, *ваш*, *ваша*, *ваши*. Сразу за ним всегда будет стоять существительное, к которому оно относится. Не путаем его с притяжательным местоимением, которое пишется с диакритическим значком **accent circonflexe**:

vôtre. Притяжательные местоимения заменяют существительное с притяжательным прилагательным, а иногда и целое словосочетание, о котором речь шла ранее. Местоимение всегда используется с артиклем, фиксируя благодаря ему род и число определяемого слова (обладаемого предмета), а иногда, в дополнение, и благодаря самой форме местоимения. Заметим, что местоимение отражает также лицо и число обладателя.

обладатель	прямое дополнение			
	м.р. ед. ч.	ж.р. ед. ч.	м.р. мн. ч.	ж.р. мн. ч.
я	**le mien**	**la mienne**	**les miens**	**les miennes**
ты	**le tien**	**la tienne**	**les tiens**	**les tiennes**
он, она, оно	**le sien**	**la sienne**	**les siens**	**les siennes**
мы	**le nôtre**	**la nôtre**	**les nôtres**	
вы	**le vôtre**	**la vôtre**	**les vôtres**	
они	**le leur**	**la leur**	**les leurs**	

Запомните, что артикль может сливаться с предлогами **à** и **de**: **Je ne parle pas de ton fils, ne parle pas du mien !** *Я не говорю о твоём сыне, не говори и о моём!*

СОГЛАСОВАНИЕ ЦВЕТОВ

Как правило, французские прилагательные, обозначающие цвета, согласуются с существительным в роде и числе, следуя общим правилам согласования прилагательных: **un lapin blanc**, *белый кролик*; **une chemise blanche**, *белая рубашка*; **des vases blancs**, *белые вазы*.

Тем не менее среди прилагательных цветов встречаются исключения.

Если цвет выражен существительным (обычно они выражают названия фруктов, драгоценных камней и т.п.), то слово не изменяется: **des jupes orange**, *оранжевые юбки* (**orange**, *апельсин*); **une botte marron**, *коричневый сапог* (**marron**, *каштан*).

Но даже в этой категории есть исключения! Так, прилагательные **écarlate**, *алый*, **fauve**, *рыжий*, **mauve**, *лиловый*, **pourpre**, *пурпурный*, **rose**, *розовый*, согласуются с существительным: **des joues roses**, *розовые щёки* (**rose**, *роза*).

Составные названия цветов не изменяются в числе и роде: **les crayons bleu clair**, *голубые карандаши*. Заметим, что через дефис пишутся прилагательные, которые обозначают каждый по себе отдельный цвет, а не один: **les drapeaux vert-jaune**, *зелёно-жёлтые флаги*.

▲ СПРЯЖЕНИЕ
ПРОСТОЕ БУДУЩЕЕ ВРЕМЯ

Простое будущее время переводится на русский формами совершенного и несовершенного вида. Его образование достаточно просто: практически все глаголы первой и второй группы, а также большинство глаголов третьей группы образуют будущее простое от неопределённой формы глагола путём прибавления окончаний будущего времени. Глаголы на **-re** теряют конечное **e**:

Parler, finir, dire, mettr-e + окончания			
je parlerai	nous parlerons	je finirai	nous finirons
tu parleras	vous parlerez	tu finiras	vous finirez
il/elle parlera	ils/elles parleront	il/elle finira	ils/elles finiront

je dirai	nous dirons	je mettrai	nous mettrons
tu diras	vous direz	tu mettras	vous mettrez
il/elle dira	ils/elles diront	il/elle mettra	ils/elles mettront

Некоторые глаголы 3й группы меняют основу в будущем времени. Список самых распространённых глаголов вы найдёте в конце книги.

Будущее время глаголов **être** и **avoir**:

j'aurai	nous aurons	je serai	nous serons
tu auras	vous aurez	tu seras	vous serez
il/elle aura	ils/elles auront	il/elle sera	ils/elles seront

И ещё несколько распространённых глаголов, меняющих основу в будущем времени: **aller**, *идти* → **j'irai**; **devoir**, *быть должным* → **je devrai**; **faire**, *делать* → **je ferai**; **savoir**, *знать* → **je saurai**; **venir**, *прийти* → **je viendrai**; **voir**, *видеть* → **je verrai**; **vouloir**, *хотеть* → **je voudrai**.

● СЛОВАРЬ

shopping (m), *покупки*
grands magasins (pl) *универмаг*
vêtement (m), *одежда*
chaussure (f), *обувь*
jouet (m), *игрушка*
meubles (pl), *мебель*
jaune, *жёлтый*
produit (m) **ménager**, *моющие/
чистящие средства для дома*
outil (m), *инструмент*
plante (f), *растение*
vert, *зелёный*
emprunter, *заимствовать,
взять взаймы*
escalator (m), *эскалатор*
rayon (m), *отдел*
accessoires (pl), *аксессуары*
chapeau (m), *шляпа*
violet, *фиолетовый*
noir, *чёрный*
adorable, *милый,
очаровательный*
champagne (m), *шампанское*
vin (m), *вино*
rouge, *красный*
gourmet, *гурман*
étage (m), *этаж*
panoramique, *панорамный*
sommelier (m), *сомелье*
hésiter, *колебаться, стесняться*
question (f), *вопрос*
réponse (f), *ответ*
lapin (m), *кролик*
chemise (f), *рубашка*
orange, *оранжевый*

marron, *коричневый*
marron (m), *каштан*
écarlate, *алый*
fauve, *рыжий*
mauve, *лиловый, сиреневый*
pourpre, *пурпурный*
rose, *розовый*
rose (f), *роза*
drapeau (m), *флаг*

● УПРАЖНЕНИЯ

1. ВЫБЕРИТЕ ПРАВИЛЬНУЮ ФОРМУ.

a. – Je vois votre/le vôtre chien. – Notre/Le nôtre ?

b. Connais-tu leurs/les leurs enfants ?

c. – Ce n'est pas le tien/ton livre. – Si, c'est le mienne/le mien !

d. Mon travail est plus intéressant que le sien/son.

2. СОГЛАСУЙТЕ, ЕСЛИ НЕОБХОДИМО.

a. nuit (noir) .... *чёрная ночь*

b. jupes (orange) .... *оранжевые юбки*

c. chemises (blanc) .... *белые рубашки*

d. chatte (marron) .... *коричневая кошка*

e. robes (vert) .... *зелёные платья*

3. СОГЛАСУЙТЕ В БУДУЩЕМ ВРЕМЕНИ.

a. être → tu ....

b. avoir → j' ....

c. avoir → vous ....

d. être → je ....

e. avoir → elle ....

f. être → ils ....

4. СОГЛАСУЙТЕ В ПРОСТОМ БУДУЩЕМ ВРЕМЕНИ.

a. donner → nous ....

b. hésiter → ils ....

c. faire → je ....

d. attendre → il ....

e. sortir → vous ....

f. voir → tu ....

IV

ДОСУГ

24.
ПЛАНЫ НА ВЕЧЕР

LES PROJETS POUR LA SOIRÉE

ЦЕЛИ УРОКА

- СТРОИТЬ ПЛАНЫ
- ФОРМУЛИРОВАТЬ ЖЕЛАНИЕ

ПОНЯТИЯ

- РОД НАЗВАНИЙ СТРАН И ПРЕДЛОГИ
- ГЛАГОЛЫ НА -CER И –GER
- УСЛОВНОЕ НАКЛОНЕНИЕ

СВОБОДНОЕ ВРЕМЯ

– Пойдём куда-нибудь *(Выходим)* сегодня вечером?

– Неохота *(нет желания)*… Я бы осталась *(хорошо спокойно)* дома и рано легла: завтра утром я иду на выставку в 10 часов.

И мне надо будет рано встать, так как она *(это)* в Версале.

К тому же завтра вечером я должна быть в форме: мы с друзьями идём на концерт.

– Понятно *(Я вижу)*… А я бы хотел пойти в оперу в субботу вечером. В программе – современный балет.

Я уже видел его в Германии прошлым летом.

Оперу я не очень люблю. [Оперные] певцы поют хорошо, но я не могу их слушать в течение трёх часов *(меня раздражает)*…

[Напротив] А вот слушать красивую музыку и смотреть на танцы *(видеть людей танцевать)* я обожаю.

– Давай так *(Сделаем как это)*: сначала выпьем по бокалу *(начнём со стаканчика)* в баре.

Я обещала Люси аперетив, помнишь *(знаешь)*, моя подружка, которая живёт в Нант?

Потом [давай] поужинаем *(поедим)* возле оперы и пойдём [на спектакль].

– Это прямо впритык по времени для ужина *(слишком точно для ужинать)*, я не хочу [потом] бежать.

– Ну, я так и знала *(Я это ожидала)*… В таком случае Люси могла бы пойти с нами и мы могли бы выпить по бокалу [уже] *(скорее)* после спектакля.

Вы поладите, я уверена.

– Почему нет, неплохая идея.

LE TEMPS LIBRE

– On sort ce soir ?

– Pas envie… Je resterais bien tranquille à la maison je me coucherais tôt : demain matin, je vais à une expo à 10 heures.

Et il faut que je me lève tôt car c'est à Versailles.

En plus, demain soir, je dois être en forme : je vais à un concert avec des copains.

– Je vois… Moi, j'irais bien à l'opéra samedi soir. Il y a un ballet moderne au programme.

Je l'ai déjà vu en Allemagne l'été dernier.

Je n'aime pas trop l'opéra. Les chanteurs chantent bien mais les écouter pendant trois heures m'ennuie…

En revanche, j'adore entendre une belle musique et voir les gens danser.

– Faisons comme ça : commençons par un petit verre dans un bar.

J'ai promis un apéro à Lucie, tu sais, ma copine qui habite à Nantes.

Après, mangeons à côté de l'Opéra et allons-y.

– Ça sera trop juste pour dîner, je ne veux pas courir !

– Je m'attendais à ça… Dans ce cas, Lucie pourrait venir avec nous et nous pourrions prendre un verre plutôt après le spectacle.

Vous vous entendrez bien, j'en suis sûre.

– Pourquoi pas, ce n'est pas une mauvaise idée.

■ РАЗБИРАЕМ ДИАЛОГ
СЛОВА И ФРАЗЫ

→ **Sortir**, буквально означает *выходить*, но второе значение – *пойти куда-то (в кино, ресторан, бар)*.
→ **Copain**, *приятель*, превращается в **copine** в женском роде.
→ **Opéra** обозначает *опера* – здание, а также музыкальное произведение.
→ **Les gens**, *люди*, существует лишь в форме множественного числа и употребляется, когда людей невозможно сосчитать. Слово **personne** тоже имеет множественное число и используется с количественным определением: **beaucoup de gens**, *много людей*, но **cent personnes**, *сто человек*.
→ **commen**ç**ons**, не забывайте, что **ç** сохраняет звук **с** даже перед **a**, **o**, **u**.
→ Французы часто сокращают слова: из **exposition**, *выставка*, получается **expo**, из **apéritif**, *аперитив*, - **apéro**.
→ **promis** – **participe passé** глагола **promettre**, *обещать*.
→ **Les écouter m'ennuie** – обратите внимание на согласование неопределённой формы глагола в качестве подлежащего с глаголом-сказуемым: сказуемое ставится в третье лицо единственного числа.

ОМОНИМЫ

Во французском языке существуют различные виды омонимов (слов, произносящихся одинаково). Абсолютные омонимы различаются только в контексте, так как написание у них идентичное, как и артикль, определяющий их: **une mine**, *мина*, **une mine**, *шахта*. Вторая категория будет иметь отличительной чертой именно артикль: **un vase**, *ваза*, но **une vase**, *ил, тина*. Иногда написание тоже будет разным: **verre**, *стакан*, **vert**, *зелёный*, **vers**, *к (направление)*, **ver**, *червяк*. Или еще: **coup**, *удар*, **coût**, *стоимость*, **cou**, *шея*; **cours**, *занятие*, **court**, *короткий*, **il court**, *он бежит*, **cour**, *двор*. Забавно, не правда ли?

◆ ГРАММАТИКА
НАЗВАНИЯ СТРАН И ПРЕДЛОГИ

Как правило, названия стран употребляются с артиклем. Страны, в названиях которых присутствует конечное **e** – женского рода: **la France**, *Франция*, **la Russie**, *Россия*, **la Belgique**, *Бельгия*, кроме некоторых исключений, например, **le Mexique** или же **le Cambodge**. Названия стран, оканчивающихся на согласную и другие гласные (кроме **e**) чаще всего мужского рода: **le Brésil**, *Бразилия*, **le Canada**, *Канада*, **le Vietnam**, *Вьетнам*. Некоторые страны не имеют рода и соответственно употребляются без артикля, например: **Dubaï**, *Дубай*, **Cuba**, *Куба*, **Madagascar**, *Мадагаскар*, **Israël**, *Израиль*.

Артикль мужского рода или множественного числа ведёт себя с предлогами абсолютно логично, сливаясь в следующие формы: **Je vais au Brésil**, *Я еду в Бразилию*; **Il est aux États-Unis**, *Он в США*; **Je reviens du Canada**, *Возвращаюсь из Канады*.

С женским же родом вместо предлога **à** используется **en**: **Je vais en France**, *Я еду во Францию*.

Города обычно употребляются без артиклей, но если артикль присутствует, то он следует тем же правилам: **le Caire – Je vais au Caire.** *Я еду в Каир.* Но: **Paris – Je vais à Paris.** *Я еду в Париж.*

▲ СПРЯЖЕНИЕ
ГЛАГОЛЫ НА –CER И –GER

В глаголах, оканчивающихся на **-cer (commencer)**, перед **a** и **o** пишется **ç**. В глаголах, оканчивающихся на **-ger (manger)**, перед **a** и **o** к **g** добавляется **e**. Так, например, эти буквы наблюдаются в настоящем времени перед окончанием 1го лица множественного числа, а в **imparfait** практически во всех окончаниях, кроме 1го и 2го лиц множественного числа: **nous commençons**, *мы начинаем*; **nous mangeons**, *мы едим*; **elle commençait**, *она начинала*; **ils mangeaient**, *они ели*.

УСЛОВНОЕ НАКЛОНЕНИЕ

Le conditionnel, условное наклонение, имеет два времени – настоящее и прошедшее. В этой книге мы рассмотрим настоящее время.

Условное наклонение употребляется для выражения вежливой просьбы, непроверенной информации или предположения, а также вежливой рекомендации. В переводе мы используем частицу *бы*. Рассмотрите следующие примеры : **Pourrais-tu me passer l'eau s'il te plaît ?** *Не мог(ла) бы ты передать мне воду?* **Il partirait seul.** *Вроде бы он уезжает один.*

Это время используется также во фразе с условным предложением, обозначая действие, которое может осуществиться при определённом условии. В этом случае после **si** ставится **l'imparfait**, а во второй части фразы – **le conditionnel présent**: **Si elle leur parlait, elle comprendrait tout**. *Если бы она с ними поговорила, она бы всё поняла.*

Образование этого времени достаточно просто. Мы используем глагольную базу будущего простого времени (см. предыдущий модуль), прибавляя окончания **l'imparfait** (см. модуль 17).

Неправильные глаголы сохраняют форму основы, которую они имеют в простом будущем (**le futur simple**). Рассмотрим спряжение следующих глаголов:

Глагол	Futur simple	Conditionnel
parler, *говорить*	je parlerai	je parler-ais
vendre, *продавать*	tu vendras	tu vendr-ais
finir, *закончить*	il finira	il finir-ait
faire, *делать*	nous ferons	nous fer-ions
pouvoir, *мочь*	vous pourrez	vous pourr-iez
aller, *идти, ехать*	ils iront	ils ir-aient

СЛОВАРЬ

projet (m), *проект, план*
se coucher, *ложиться спать*
tôt, *рано*
expo, exposition (f), *выставка*
se lever, *вставать, встать*
concert (m), *концерт*
copain (m), *приятель, друг*
opéra (m), *опера*
ballet (m), *балет*
moderne, *современный*
Allemagne (f), *Германия*
chanteur (m), *певец*
chanter, *петь*
pendant, *в течение*
ennuyer, *досаждать, наводить скуку*
s'ennuyer, *скучать*
musique (f), *музыка*
gens (pl), *люди*
danser, *танцевать*
bar (m), *бар*
promettre, *обещать*
apéro (m), *аперитив*
dîner, *ужин*
courir, *бежать*
s'attendre, *ожидать чего-то*
spectacle (m), *спектакль*
s'entendre, *ладить*
sûr, *уверен*
mine (f), *мина*
mine (f), *шахта*
vase (m), *ваза*
de la vase (f), *ил, тина*
ver (m), *червяк*
coup (m), *удар*

coût (m), *стоимость*
cou (m), *шея*
court, *короткий*
cour (f), *двор*

● УПРАЖНЕНИЯ

1. ПОСТАВЬТЕ ПРАВИЛЬНЫЙ ПРЕДЛОГ.

a. Cet été, j'irai .... États-Unis.

b. Est-elle déjà allée .... Allemagne ?

c. – Je vis .... Paris. – Et moi .... Caire.

d. Nous donnons un concert .... Italie.

e. Êtes-vous toujours .... Cuba ?

f. Ils sont en vacances .... Canada.

2. ВЫБЕРИТЕ ПРАВИЛЬНЫЙ ПЕРЕВОД.

a. Короткий: cours – cour – court

b. Шея: coup – cou – coût

c. Зелёный: vert – vers – verre

3. СОГЛАСУЙТЕ ГЛАГОЛ В УКАЗАННОМ ВРЕМЕНИ.

a. manger → nous (le présent) _ _ _ _ _ _ _ _

b. foncer → je (l'imparfait) _ _ _ _ _ _ _ _

c. diriger → vous (l'imparfait) _ _ _ _ _ _ _ _

d. commencer → nous (le présent) _ _ _ _ _ _ _ _

e. changer → ils (l'imparfait) _ _ _ _ _ _ _ _

f. forcer → elle (l'imparfait) _ _ _ _ _ _ _ _

4. СОГЛАСУЙТЕ В УСЛОВНОМ НАКЛОНЕНИИ.

a. vouloir → _ _ _ _ _ _ _ _ _ _ -vous aller ensemble à la fête ?

b. pouvoir → _ _ _ _ _ _ _ _ _ _ -tu me dire la vérité ?

c. faire → Je _ _ _ _ _ _ _ _ _ _ tout pour elle !

d. comprendre → Il _ _ _ _ _ _ _ _ _ _ si tu lui expliquais.

e. être → _ _ _ _ _ _ _ _ _ _ -nous d'accord ?

f. venir → Si tu y allais, elle _ _ _ _ _ _ _ _ _ _ avec toi.

25.
УЖИН
LE DÎNER

| **ЦЕЛИ УРОКА** | **ПОНЯТИЯ** |

- СТОЛОВЫЕ ПРИБОРЫ
- НАЗВАНИЯ БЛЮД

- НАРЕЧИЯ TRÈS И BEAUCOUP
- МЕСТО ПРЯМЫХ ДОПОЛНЕНИЙ
- ВОЗВРАТНЫЕ ГЛАГОЛЫ В PASSÉ COMPOSÉ

К СТОЛУ!

– Гости уже скоро придут, а мы ещё не накрыли на стол.

Ты вообще ничего не сделал.

– А вот и нет, я уже кое-что сделал! Смотри, я постелил скатерть и оделся *(приготовился)*, я весь [такой] красивый.

– Очень смешно. Мы не будем стелить скатерть, мы используем столовые салфетки, так удобнее *(приятнее)*.

– Как скажешь *(Если ты это говоришь)*.

– Дай мне, пожалуйста, вилки, ложки, ножи и приборы для морепродуктов.

– Куда поставить *(я ставлю)* соль и перец?

– Дай *(их)* мне. Ты [не] видел бокалы для шампанского? Я уже достала винные бокалы и стаканы для воды.

Куда ты поставил бутылку, графин и [положил] штопор?

– Они *(Я поставил их)* на комоде, рядом с кружками и десертными тарелками.

– ОК. Сначала мы подадим поднос с устрицами, клешнями крабов и лобстерами.

Креветок я положу на отдельное блюдо.

А потом я подам морские гребешки с фондю из лука-порея и рис на гарнир.

– А я приготовил домашний майоннез для креветок.

– Браво! Теперь я понимаю, как ты испачкался… Ох, твои красивые чёрные брюки!

27 — À TABLE !

– Les invités arrivent bientôt et on n'a pas encore mis la table.

Toi, tu n'as rien fait du tout.

– Ah si, j'ai déjà fait quelque chose ! Regarde, j'ai mis la nappe et je me suis déjà préparé, je suis tout beau.

– Très drôle. On ne met pas la nappe, on met les sets de table, c'est plus sympa.

– Si tu le dis.

– Passe-moi les fourchettes, les cuillères, les couteaux et les couverts à fruits de mer, s'il te plaît.

– Où est-ce que je pose le sel et le poivre ?

– Donne-les moi. Tu as vu les flûtes ? J'ai déjà sorti les verres à vin et les verres à eau.

Où as-tu posé la bouteille, la carafe et le tire-bouchon ?

– Je les ai mis sur la commode, à côté des tasses et des assiettes à dessert.

– OK. On disposera d'abord le plateau avec les huitres, les pinces de crabes et les langoustines.

Je mettrai les crevettes dans un plat à part.

Et après, je servirai des Saint-Jacques avec la fondue de poireaux et du riz en accompagnement.

– Et moi, j'ai préparé la mayonnaise maison pour les crevettes.

– Bravo ! Maintenant je comprends comment tu t'es taché… Oh là là, ton beau pantalon noir !

■ РАЗБИРАЕМ ДИАЛОГ
СЛОВА И ФРАЗЫ

→ **On n'a pas encore mis**: наречие **encore** ставится между вспомогательным глаголом с отрицанием и причастием прошедшего времени. Обратите внимание на произношение конечного **s**, которое перестаёт быть непроизносимым.

→ Мы понимаем, что речь идёт о мужчине, так как причастие прошедшего времени возвратного глагола было бы согласовано в женском роде: **elle s'est préparée**, *Она подготовилась.*

→ А вот и еще один пример излюбленных французами сокращений: **sympa** используется в разговорной речи, полная форма – **sympathique**.

→ **Verre à vin**, предлог указывает на назначение бокала – *бокал для вина*. Если поставить предлог **de**, то акцент будет ставиться на содержимое бокала: **verre de vin**, *бокал вина*.

→ Глагол **mettre** не уточняет положения предмета, как это происходит в русском языке. Таким образом, он переводится как *положить*, *поставить*, *повесить* и тд.

→ Полное название – **coquille Saint-Jacques**. Слово **coquille**, *ракушка*, женского рода, поэтому, когда оно лишь подразумевается, **Saint-Jacques** согласовывается в женском роде.

МОРЕПРДУКТЫ

Подавляющее большинство французов любит морепродукты. Их можно купить на рынке, в рыбных магазинах, **à la criée** – непосредственно в портах у самих рыбаков, ну и, конечно же, в различного рода ресторанах. Вот самые известные из них: **des huîtres**, *устрицы*, **des bulots** (не путаем с **un boulot**, *работёнка*), *род морских улиток*, **des homards**, *омары*, **des langoustines**, *лобстеры*, **des pinces de crabe**, *клешни краба*, **des oursins**, *морские ежи*, **des palourdes**, *моллюски*, **des couteaux**, *морские черенки (ножи)*… Всех не перечислить! Зачастую ресторанные меню предлагают также жареных *осьминогов*, **poulpes**, и запечёных *улиток*, **escargots**.

◆ ГРАММАТИКА
НАРЕЧИЯ TRÈS И BEAUCOUP

Оба наречия обозначают *очень*, *сильно*. Разница в том, что в русском языке они употребляются и с прилагательными, и с наречиями, и с глаголами, во французском дело обстоит иначе.

Наречие **très** употребляется с прилагательными и наречиями, а **beaucoup** – с глаголами. Сравните: **J'aime beaucoup cuisiner.** *Я очень люблю готовить.* **Estelle est très belle.** *Эстель очень красивая.* **Ce livre est très long.** *Эта книга очень длинная.* **Il court très vite.** *Он очень быстро бегает.*

МЕСТО ЛИЧНЫХ МЕСТОИМЕНИЙ ВО ФРАЗЕ С PASSÉ COMPOSÉ

Личные местоимения в роли дополнения в сложных временах, как например **passé composé**, ставятся перед вспомогательным глаголом: **J'ai pris le livre.** *Я взял книгу.* – **Je l'ai pris.** *Я её взял.* (в роли прямого дополнения) **Je t'ai parlé.** *Я с тобой говорил.* (в роли косвенного дополнения).

Когда мы имеем два личных местоимения в роли дополнения – прямое и косвенное – мы следуем общему правилу:

в случае, когда местоимения относятся к одному лицу, сначала ставится прямое дополнение, а за ним косвенное: **Vous le lui avez donné hier**, *Вы дали его ему вчера.* В данной фразе оба местоимения относятся к 3му лицу.

в случае, когда оба местоимения относятся к разным лицам, сначала ставится косвенное дополнение-местоимение, а за ним прямое: **Vous me l'avez donné hier**, *Вы дали мне его вчера.* В данной фразе **me** относится к 1 лицу, а **l'** к 3му.

Порядок слов этого правила распространяется также на настоящее время: **Vous le lui donnez.** *Вы даёте его ему* ; **Vous me le donnez.** *Вы даёте мне это/его.*

▲ СПРЯЖЕНИЕ
ВОЗВРАТНЫЕ ГЛАГОЛЫ В PASSÉ COMPOSÉ

Мы уже рассматривали спряжение глаголов в **passé composé**, прошедшем составном времени. Некоторые глаголы спрягаются с вспомогательным глаголом **avoir**, другие с **être**.

Все возвратные глаголы спрягаются с **être**. **Participe passé**, причастие прошедшего времени, согласуется в роде и числе, когда местоименная частица выступает в роли прямого дополнения: **Les filles se sont connues l'été dernier.** *Девочки познакомились прошлым летом.* Буквально – узнали одна другую. **Se** относится к подлежащему *девочки*, существительному множественного числа женского рода, которое и является объектом глагола, а значит **participe passé** согласуется в роде и числе: добавляется **e** для женского рода и **s** для множественного числа. Чаще всего в данном случае глагол будет переводиться тоже местоименным глаголом.

Когда местоименная частица является косвенным дополнением, **participe passé** не изменяется.

Сравните: **Les filles se sont lavées.** *Девочки помылись.* **Se** относится к подлежащему, можно сказать иначе – *девочки помыли себя*. Но **Les filles se sont lavé les mains.** *Девочки помыли руки.* **Se** не относится к подлежащему в качестве прямого дополнения, прямым дополнением является слово *руки*. *Девочки помыли руки кому? – себе*, речь идёт о косвенном дополнении, а значит **participe passé** не изменяется.

СМЫСЛ ВОЗВРАТНЫХ ГЛАГОЛОВ

Некоторые местоименные (или возвратные глаголы) существуют и в их неместоименной форме. Иногда, потеряв частичку, они полностью или частично меняют смысл. Сравните несколько распространённых глаголов: **s'ennuyer**, *скучать* – **ennuyer**, *надоедать, раздражать*; **s'attendre à**, *ожидать чего-то, надеяться* – **attendre**, *ждать*; **s'entendre**, *договориться, ладить* – **entendre**, *слышать*; **se tromper**, *ошибаться* – **tromper**, *обманывать*.

Заметим, что если возвратный глагол используется в неопределённой форме, частичка будет меняться: **Je veux m'entendre avec elle**, *Я хочу с ней поладить*. **Tu veux t'entendre avec elle**, *Ты хочешь с ней поладить*.

СЛОВАРЬ

mettre la table, *накрыть на стол*
regarder, *смотреть*
nappe (f), *скатерть*
se préparer, *подготовиться*
drôle, *прикольный, забавный*
set (m) **de table**, *столовые салфетки*
sympa, *приятно, удобно*
passer qqch, *передать*
fourchette (f), *вилка*
cuillère (f), *ложка*
couteau (m), *нож*
fruit (m) **de mer**, *морепродукт*
poser, *поставить, положить*
sel (m), *соль*
poivre (m), *перец*
flûte (f), *бокал*
sortir, *достать*
bouteille (f), *бутылка*
tire-bouchon (m), *штопор*
commode (f), *комод*
tasse (f), *кружка*
assiette (f), *тарелка*
disposer, *расставлять, ставить*
plateau (m), *поднос*
huitre (f), *устрица*
pince (f), *клешня*
crabe (m), *краб*
langoustine (f), *лобстер, большая креветка*
crevette (f), *креветка*
à part, *отдельно*

servir, *подавать, сервировать*
(coquille) Saint-Jacques (f), *гребешок*
fondue (f), *фондю (блюдо)*
poireau (m), *лук-порей*
riz (m), *рис*
garniture (f), *гарнир*
mayonnaise (f), *майоннез*
se tacher, *испачкаться*
pantalon (m), *брюки*

● УПРАЖНЕНИЯ

1. ВЫБЕРИТЕ ПОДХОДЯЩЕЕ НАРЕЧИЕ.

a. J'aime très/beaucoup votre voiture.

b. Le gâteau est beaucoup/très bon.

c. Il est parti très/beaucoup rapidement.

d. Ils ont beaucoup/très joué ensemble.

2. ЗАПОЛНИТЕ ПРОПУСКИ.

a. Quand est-ce qu'il ……………………… donné ? *Когда он тебе это дал?*

b. Nous ……………………… téléphoné. *Мы позвонили им.*

c. Je ……………………… déjà dit. *Я тебе это уже сказал(а).*

d. Est-ce que tu ……………………… reconnu ? *Ты узнал(а) его?*

3. СОГЛАСУЙТЕ ПРИЧАСТИЕ, ЕСЛИ НУЖНО.

a. Ma mère est parti _ _ tard hier.

b. Chantal, t'es-tu lavé _ _ les mains ?

c. Vous avez déjà lu _ _ ce livre.

d. Elles se sont rencontré _ _ à l'université.

e. Marie s'est levé _ _ très tôt.

4. ВЫБЕРИТЕ ПРАВИЛЬНУЮ ФОРМУ ГЛАГОЛА.

a. Il vous attend /s'attend en bas. *Он ждёт вас внизу.*

b. Tu trompes / te trompes ! *Ты ошибаешься!*

c. Ils se sont bien entendus / ont entendu. *Они поладили.*

d. Nous nous ennuyons / ennuyons sans vous. *Нам скучно без вас.*

26.
ОТПУСК

LE CONGÉ

ЦЕЛИ УРОКА	ПОНЯТИЯ
• ДАТЬ СОВЕТ • ЛЕКСИКА ОТДЫХА НА ПРИРОДЕ	• РАЗНИЦА В ПЕРЕВОДЕ СЛОВА « МЕСТО » • ОГРАНИЧИТЕЛЬНЫЙ ОБОРОТ NE... QUE • ГЛАГОЛ "ГОВОРИТЬ"

ПРИКЛЮЧЕНИЕ

– На этих выходных мы едем в горы.

Я выбрал идеальное место: мы расположимся на берегу небольшого *(маленького)* озера.

Я тебе уже рассказывал?

– Насмешил *(Ты заставляешь меня смеяться)*: ты мне это рассказывал уже сто раз. Ты только об этом и говоришь *(не перестаёшь об этом говорить)*!

Ну давай, расскажи детали. Вы уже забронировали хорошую *(красивую)* гостиницу?

– О нет, в этот раз мы решили сделать иначе *(поменять)*. Мы идём в поход.

Я купил палатку, спальные мешки, карманный фонарик, примус и походные ботинки *(для ходьбы)* – мы будем много ходить.

Думаю, мы готовы!

– Ничего себе! Но твоя жена ненавидит кемпинги и походы.

Я бы сказала, у вас разное понимание *(неодинаковое видение)* комфорта.

Я помню, она *(мне)* говорила, что любит только красивые бассейны, просторные номера, и в особенности, что она не переносит насекомых и диких животных…

– А я купил спрей от комаров, обо всём подумал!

Я уверен, что после такого сюрприза она изменит своё мнение.

– Сюрприза? Так она *(даже)* не в курсе? Ты с ума сошёл! Я советую тебе не совершать этой ошибки *(глупости)*.

На твоём месте я попробовала бы всё ей объяснить до отъезда…

28 — L'AVENTURE

– Ce week-end, nous allons à la montagne.

J'ai choisi un endroit idéal : on se posera au bord d'un petit lac.

Je te l'ai déjà dit ?

– Tu me fais rire : tu me l'as déjà dit cent fois. Tu n'arrêtes pas d'en parler !

Bon, vas-y, raconte les détails. Est-ce que vous avez réservé un bel hôtel ?

– Oh non, nous avons décidé de changer cette fois-ci. Nous partons en randonnée.

J'ai acheté une tente, des sacs de couchage, une lampe de poche, un réchaud et des chaussures de marche – on va beaucoup marcher.

Je crois qu'on est prêts !

– Ah oui, carrément ! Mais ta femme déteste les campings et les randonnées, non ?

Je dirais que vous n'avez pas la même vision du confort.

Je me rappelle, elle me disait qu'elle n'aime que les belles piscines, les chambres spacieuses et surtout qu'elle ne supporte pas les insectes et les animaux sauvages…

– Eh bien, j'ai acheté un spray anti-moustiques, j'ai pensé à tout !

Je suis sûr qu'elle changera d'avis après cette surprise.

– Surprise ? Elle n'est même pas au courant ? Tu es fou ! Je te conseille de ne pas faire cette bêtise.

À ta place, j'essayerais de tout lui expliquer avant le départ…

◼ РАЗБИРАЕМ ДИАЛОГ
СЛОВА И ФРАЗЫ

→ Осторожно, не переводите это заимствование буквально! Первое значение слова **l'aventure** - *приключение*.

→ Слово **bord** переводится как *край* или *берег*. Обратите внимание на сливающийся с предлогом **à** артикль мужского рода **le**: **au bord de**, *на берегу чего-то*.

→ Вы уже знаете, что прилагательное **beau** в женском роде имеет форму **belle**. Перед словом мужского рода, оканчивающимся на гласную или непроизносимую букву **h,** прилагательное приобретает форму **bel**: **un bel hôtel**.

→ **Sac** – это *сумка*, а **sac de couchage** – *спальный мешок*.

→ Внимательно прослушайте произношение заимствования из английского языка **camping**. Оно произносится на французский манер.

→ Не ошибитесь в написании этого слова. В русском мы имеем *м* в середине слова, а во французском **n**: *комфорт* – **con**fort.

→ **Chambre**, буквально – *комната*, но слово также обозначает *номер (в гостинице)*. Французский различает присутствие кровати в комнате, без неё мы назовём комнату **pièce**, а не **chambre**.

→ Заимствование **surprise**, *сюрприз, неожиданность, удивление*, во французском женского рода.

→ **Je te conseille de ne pas faire**: при отрицании с неопределённой формой глагола отрицательные частицы **ne** и **pas** ставятся перед инфинитивом.

ПЕШЕХОДНЫЕ ПОХОДЫ

Франция просто рай для любителей походов. И речь идёт не только о прекрасной многоликой природе, комфортных кемпингах и встречающихся на пути зонах для отдыха. С 1947 года под руководством французской Федерации пеших походов тысячи добровольцев с кистями в руках делают разметку на едва проталенных или уже освоенных тропах в горах, лесах, вокруг озёр. Они уже занимают более 206 тысяч километров. Маркировка постоянно обновляется и проверяется, позволяя пешие прогулки, казалось бы, в самых неожиданных и диких местах.

◆ ГРАММАТИКА
РАЗНИЦА В ПЕРЕВОДЕ СЛОВА "МЕСТО"

Для перевода русского *места* во французском используется несколько слов с небольшими смысловыми нюансами.

Слово **la place** употребляется для обозначения занимаемого кем-либо места (сидячего, в очереди, парковки, физически свободного, места предмета и т.п.). Это же слово переводится как *площадь*: **À qui est cette place ?** *Чьё это место?* **Sur la place, une foule s'est réunie**. *На площади собралась толпа.*

Слово **le lieu** употребляется для обозначения локации предмета или события, а также места с функцией и назначением (больница, работа, почта и т.п.): **C'est son lieu de travail.** *Это её/его рабочее место.* **Quel est votre lieu de naissance ?** *Где вы родились ?(букв. Какое у вас место рождения?)*

Слово **l'endroit** употребляется для обозначения определённого места в пространстве, более точного, определяющего нахождение предмета, а также места, являющегося частью целого: **Nous nous retrouvons toujours au même endroit.** *Мы всегда встречаемся в одном и том же месте.* **Elle a mal à cet endroit**. *У неё болит в этом месте.*

MÊME: НАРЕЧИЕ ИЛИ ПРИЛАГАТЕЛЬНОЕ

Французское **même** может быть как наречием, так и прилагательным. В качестве наречия **même**, *даже*, ставится чаще всего до слова, к которому оно относится; оно следует за глаголом в простых формах и ставится между вспомогательным глаголом и причастием совершенного вида в составных: **Même Paul a compris ce qu'elle disait**. *Даже Поль понял, что она говорила.* **Je le connais et même très bien**. *Я его знаю и даже очень хорошо.* **Ils préparent même des cocktails**. *Они готовят даже коктейли.* **Nous lui avons même fait un cadeau.** *Мы даже подарили ему/ей подарок.*

В отрицательной форме **même** ставится перед частицей **pas**: **Elle ne prépare même pas le dîner**. *Она даже ужин не готовит.* **Tu ne leur as même pas parlé !** *Ты с ними даже не поговорил(а)!*

В качестве прилагательного **même** ставится перед существительным. В этом случае, как и все правильные прилагательные, оно согласуется с существительным в числе и роде и переводится *такой же, тот же (самый), одинаковый*: **Tu as la même jupe que moi.** *У тебя такая же юбка, как у меня.* **Elle parle toujours aux mêmes personnes.** *Она всегда говорит с одними и теми же людьми.*

Отметим, что пишущееся через дефис после местоимения **même** переводится *сам* и согласуется в числе с местоимением: **Elle fait ça elle-même**. *Она делает это сама.* **Nous l'avons fait nous-mêmes**. *Мы сделали это сами.*

ОГРАНИЧИТЕЛЬНЫЙ ОБОРОТ NE... QUE

Французский ограничительный оборот **ne... que** означает *только, лишь*, его можно заменить по смыслу наречием **seulement**. Частица **ne** ставится перед глаголом, как и в случае обычного отрицания, но вторая её часть **pas** отсутствует. Зато появляется **que**, которое ставится перед словом, на которое распространяется ограничение: **Nous n'avons pris qu'une pomme.** *Мы взяли лишь одно яблоко.* **Ils n'arrivent que maintenant.** *Они только что приехали.* **Il ne fait que parler.** *Он только болтает.*

▲ СПРЯЖЕНИЕ
ПЕРЕВОД ГЛАГОЛА « ГОВОРИТЬ »

Глагол *говорить, рассказывать,* может переводиться на французский несколькими глаголами. Рассмотрим разницу в употреблении:

dire, *говорить, сказать*, употреляется с прямым дополнением или фразой (вводимой местоимением **que**): **Vous dites des bêtises !** *Вы говорите глупости!* **Que dis-tu ?** *Что ты говоришь?* **Elle dit qu'elle le savait déjà.** *Она говорит, что уже знала об этом.* Запомните полезное выражение: **Dis-moi !** буквально обозначающее *Скажи мне!* и употребляющееся в смысле «объясни, что тебе нужно; чем я могу помочь».

raconter, *рассказывать*, употребляется также с прямым дополнением. За глаголом также может следовать целая фраза: **Tu ne me racontes rien.** *Ты ничего мне не рассказываешь.* **Il raconte le livre qu'il a lu.** *Он рассказывает про книгу, которую прочёл.* **Raconte-moi !** *Рассказывай!*

parler, *говорить, рассказывать*, употребляется с предлогом **de**: **Il parle d'elle tout le temps.** *Он постоянно говорит о ней.* **Ils parlent de leur classe.** *Они рассказывают про свой класс.* **Parle-moi !** *Поговори со мной!*

СЛОВАРЬ

aventure (f), *приключение, авантюра*
montagne (f), *гора*
endroit (m), **place** (f), **lieu** (m), *место*
idéal, *идеальный*
se poser, *расположиться*
bord (m), *край*
lac (m), *озеро*
rire, *смеяться*
réserver, *забронировать*
hôtel (m), *гостиница*
décider, *решить*
changer, *поменять, изменить*
randonnée (f), *поход*
tente (f), *палатка*
sac (m) **de couchage**, *спальный мешок*
lampe (f) **de poche**, *карманный фонарь*
réchaud (m), *примус, нагревательный прибор*
marche (f), *ходьба*
marcher, *ходить*
carrément, *совершенно*
femme (f), *женщина, жена*
détester, *ненавидеть*
camping (m), *кемпинг*
vision (f), *видение*
confort (m), *комфорт*
se rappeler, *вспомнить, помнить*
piscine (f), *бассейн*
spacieux, *просторный*
surtout, *особенно*
supporter, *выносить*
insecte (m), *насекомое*
sauvage, *дикий*
moustique (m), *комар*
avis (m), *мнение*
surprise (f), *сюрприз*
être au courant, *быть в курсе*
fou, *сумасшедший*
bêtise (f), *глупость*

● УПРАЖНЕНИЯ

1. ВЫБЕРИТЕ ПОДХОДЯЩЕЕ СЛОВО.

a. Est-ce que cette lieu/place/endroit est libre ? *Это место свободно?*

b. C'est mon lieu/place/endroit de naissance. *Это моё место рождения.*

c. Tu connais cet lieu/place/endroit ? *Ты знаешь это место?*

2. ДОПОЛНИТЕ ФРАЗУ, ПРОСЛУШАВ АУДИОЗАПИСЬ.

a. Vous ne m'avez .... pas parlé.

b. Nous avons .... chaussures.

c. .... Claire a compris que tu mentais !

d. Tu as eu .... idée que moi.

e. Ils la connaissent .... très bien.

3. PARLER, DIRE ИЛИ RACONTER?

a. Elle m'en a déjà parlé/dit/raconté. *Она мне уже об этом рассказала.*

b. Ils ne se disent/parlent/racontent plus. *Они больше не разговаривают.*

c. Je t'ai déjà raconté/dit/parlé non. *Я уже сказал(а) тебе нет.*

d. Tu ne m'as pas dit/parlé/raconté ta soirée. *Ты мне не рассказал(а) о своём вечере.*

4. НАПИШИТЕ УСЛЫШАННОЕ.

a. ....

b. ....

c. ....

27. ДОМАШНИЕ И ДИКИЕ ЖИВОТНЫЕ

LES ANIMAUX DOMESTIQUES ET SAUVAGES

ЦЕЛИ УРОКА

- НАЗВАНИЯ ЖИВОТНЫХ
- ВЫРАЗИТЬ ЗАПРЕТ

ПОНЯТИЯ

- ПОВТОР С МЕСТОИМЕНИЕМ
- НЕЙТРАЛЬНОЕ LE
- ГЛАГОЛ METTRE

ЗООПАРК

– Какая смешная *(эта)* обезьяна! Она всё время кривляется *(не перестаёт делать смешные гримасы)*.

– [Сама] идея поместить животных в клетку мне не нравится, но должна признать, что в этом зоопарке они не выглядят несчастными.

– Посмотри на этого слона, он играет со слонёнком.

У тебя есть банан?

– Ты *(его)* хочешь банан? Держи *(его)*, но не давай его животным: кормить их запрещено.

– Да *(я это)* знаю. Ну тогда не давай мне его…

– Пойдём смотреть семейство кошачьих! На плане обозначены вольеры с пантерами, львами и тиграми.

– А я хочу посмотреть спектакль пингвинов, а потом аквариум с акулами и дельфинами.

– Да, мы увидим их позже.

– Почему в зоопарк или цирк не помещают домашних животных?

– *(Это особенно)* Дикие животные *(кто)* намного интереснее. Остальных ты можешь *(их)* увидеть на ферме у бабули!

У неё есть коровы, бараны, козы и даже пони, помнишь?

– А, да, в прошлом августе там был петух и куры с цыплятами *(я помню)*.

– Да, а ещё была толстая индюшка, у неё всегда был удивлённый вид.

LE ZOO

– Qu'est-ce qu'il est drôle ce singe ! Il n'arrête pas de faire des grimaces rigolotes.

– L'idée de mettre des animaux en cage ne me plaît pas mais je dois admettre que dans ce zoo, ils n'ont pas l'air malheureux.

– Regarde cet éléphant, il joue avec un éléphanteau.

Tu as une banane ?

– Oui, tu la veux ? Tiens mais ne la donne pas aux animaux, c'est interdit de les nourrir.

– Oui, je le sais. Ne me la donne pas alors…

– Allons voir les félins ! Sur le plan sont indiqués les enclos des panthères, des lions et des tigres.

– J'aimerais voir le spectacle des pingouins moi et puis l'aquarium avec les requins et les dauphins.

– Oui, nous irons les voir plus tard.

– Pourquoi on ne met pas des animaux de compagnie dans les zoos ou les cirques ?

– Ce sont surtout les animaux sauvages qui sont intéressants. Les autres, tu peux les voir chez mamie à la ferme !

Elle a des vaches, des moutons, des chèvres et même un poney, tu t'en souviens ?

– Ah, oui, en août dernier, il y avait un coq et des poules avec des poussins, je me rappelle.

– Oui, il y avait aussi une grosse dinde qui avait toujours l'air étonné.

■ РАЗБИРАЕМ ДИАЛОГ
СЛОВА И ФРАЗЫ

→ **rigolote** – форма женского рода прилагательного rigolot, *забавный*.

→ Глагол **plaire**, *нравиться*, согласуется с подлежащим. В случае неопределённой формы глагола в качестве подлежащего, глагол согласуется в 3м лице единственного числа: **Les zoos ne me plaisent pas**, *Мне не нравятся зоопарки*, **Aller au zoo seul ne me plaît pas**, *Мне не нравится ходить в зоопарк одному*.

→ Помните о разнице в глагольном управлении. Русское *смотреть на кого-то или что-то* переводится **regarder quelqu'un ou quelque chose** без использования предлога.

→ Запомните, что во французском языке запятая перед **mais** не ставится в обязательном порядке, как в русском.

→ Внимательно прослушайте произношение слова **aquarium**, ни в коем случае не произносите это слово на русский манер.

→ **Cirque** – ровно половина этого слова произносится как один звук! **Que** даёт звук *к* (но более мягкий, чем в русском языке).

→ **Grosse** – женский род прилагательного gros, *толстый, большой*.

→ Слово **poney** имеет достаточно необычное для французского языка окончание. Оно пришло во французский из английского языка (который сам заимствовал его ранее из старофранцузского). Произносится оно *понэ*.

ЗООЛОГИЧЕСКИЕ ПАРКИ

Франция насчитывает достаточно большое число зоопарков, ферм, которые можно посетить, и даже парк развлечений, на территории которого представлены более 700 видов животных (**Le PAL**). Перечислим несколько наиболее впечатляющих и известных зоопарков: **ZooParc de Beauval**, находящийся в трёх часах от Парижа; **Zoo de la Flèche**, первый частный зоопарк страны, открывшийся в 1946 году; **Planète Sauvage**, сафари-парк, на територии которого живут более 1000 видов животных, со своим подвесным мостом, позволяющим увидеть обезьян в наиболее благоприятной для них среде; **Safari Thoiry**, сафари-парк, где можно увидеть животных из машины, а также совершить прогулку пешком среди резвящихся обезьян или же в стеклянных тоннелях, которые окружают хищники.

◆ ГРАММАТИКА
ПОВТОР С МЕСТОИМЕНИЕМ

Вы уже встречали «повторение» местоимений или слов во фразе, когда на них ставится акцент, когда их хотят выделить и подчеркнуть. В случае подлежащего, французский добавляет ударное местоимение, которое ставится до или после обычной фразы, обособляясь: **Moi, j'aime l'été.** или **J'aime l'été, moi.** *А я люблю лето.*

В случае дополнения, используется и само слово и соответствующее ему местоимение. Обособленное слово или словосочетание, как правило, ставится в начале фразы, таким образом принимая на себя логическое ударение: **Ce livre, je l'ai lu deux fois.** Но иногда слово ставится и после основной фразы: **Tu la veux, la banane ?** *Ты банан хочешь или нет?*

НЕЙТРАЛЬНОЕ ПРЯМОЕ ДОПОЛНЕНИЕ LE

Конечно же, **le** стало вам крайне знакомым. Это и артикль, и прямое дополнение мужского рода. Но у него может также быть функция нейтрального местоимения, которое заменяет целую идею или фразу. В этом случае оно будет эквивалентом указательного местоимения **cela** и **ça**. Отметим, что во фразе оно ставится перед глаголом. На русский язык мы переведём его как *это* или же просто опустим: **– Tu sais qu'il fume ? – Oui je le sais.** – *Ты знаешь, что он курит ? – Да, (я это) знаю.* Здесь **le** выражает **qu'il fume**.

– Tu es belle. *Ты красивая.* **– Tu le dis pour me faire plaisir.** *Ты так (это) говоришь, чтобы сделать мне приятно.*

В конструкции с утвердительной формой повелительного наклонения **le** ставится после глагола: **– Je ne peux pas te dire quand je partirai.** *Я не могу сказать тебе, когда я уеду.* **– Allez, dis-le !** *Ну скажи!* Здесь **le** соответствует **quand je partirai**. Но: **Daccord, ne le dis pas !** *Хорошо, не говори (это)!* В отрицательной форме **le** снова ставится перед глаголом.

▲ СПРЯЖЕНИЕ
ГЛАГОЛ PLAIRE

Plaire, *нравиться*, – неправильный глагол. Он также, как и в русском согласуется с предметом, который нравится, а личность, которой предмет нравится, выражена косвенным дополнением (существительным или местоимением): **Tu lui plais.** *Ты ему нравишься.*

le présent	le futur simple	l'imparfait
je plais	**je plairai**	**je plaisais**
tu plais	**tu plairas**	**tu plaisais**
il /elle plaît	**il/elle plaira**	**il/elle plaisait**
nous plaisons	**nous plairons**	**nous plaisions**
vous plaisez	**vous plairez**	**vous plaisiez**
ils plaisent	**elles plairont**	**ils plaisaient**

Перечитайте правильное произношение буквы **u** и потренируйтесь на причастии прошедшего времени глагола: **plu**.

ГЛАГОЛ METTRE

В предыдущих модулях вы уже неоднократно встречали неправильный глагол **mettre** (*класть, ставить, вешать, надевать (одежду)*, и др.). Этот глагол очень продуктивен, существует множество однокоренных глаголов, образованных на его базе при помощи приставок и имеющих идентичное спряжение: **promettre**, *обещать*, **admettre**, *признать*, **permettre**, *позволять*, **transmettre**, *передать*. Запомните его спряжение в трёх основных временах:

le présent	le futur simple	l'imparfait
je mets	**je mettrai**	**je mettais**
tu mets	**tu mettras**	**tu mettais**
il /elle met	**il/elle mettra**	**il/elle mettait**
nous mettons	**nous mettrons**	**nous mettions**
vous mettez	**vous mettrez**	**vous mettiez**
ils mettent	**elles mettront**	**ils mettaient**

Запомните также причастие прошедшего времени глагола: **mis**.

СЛОВАРЬ

zoo (m), *зоопарк*
domestique, *домашний*
grimace (f), *гримаса*
rigolot, *смешной*
cage (f), *клетка*
plaire, *нравиться*
admettre, *признать*
malheureux, *несчастный*
éléphant (m), *слон*
éléphanteau (m), *слонёнок*
interdit, *запрещено*
nourrir, *кормить*
félins (pl), *кошачьи, семейство кошачьих*
plan (m), *план, карта*
indiquer, *указать*
enclos (m), *вольер*
panthère (f), *пантера*
lion (m), *лев*
tigre (m), *тигр*
pingouin (m), *пингвин*
aquarium (m), *аквариум*
requin (m), *акула*
dauphin (m), *дельфин*
cirque (m), *цирк*
intéressant, *интересный*
mamie (f), *бабуля*
ferme (f), *ферма*
vache (f), *корова*
mouton (m), *баран*
chèvre (f), *коза*
poney (m), *пони*
se souvenir, *помнить*

coq (m), *петух*
poule (f), *курица*
poussin (m), *цыплёнок*
dinde (f), *индюшка*
étonné, *удивлённый*

● УПРАЖНЕНИЯ

1. ЗАПОЛНИТЕ ПРОПУСКИ, ПРОСЛУШАВ АУДИОЗАПИСЬ.

a. .... , je t'entends.
b. Mais vous l'avez vu, ... ?
c. Marie, ... adore ce film !
d. Tu .... veux, le livre ?
e. ...., il a fait ça ?

2. ВЫБЕРИТЕ УСЛЫШАННУЮ ФРАЗУ.

a. Tu ne le sais pas. / Tu ne le vois pas.
b. Ils en parlent. / Elles en parle.
c. Qui te l'a dit ? / Il t'a dit oui.
d. Vous vous connaissez. / Vous le connaissez.
e. C'est mon chat. / C'est Sacha.

3. СОГЛАСУЙТЕ ГЛАГОЛ.

a. Ce film te .... *Тебе понравится этот фильм.*
b. Lire lui .... beaucoup. *Ему очень нравится читать.*
c. Sa sœur me .... depuis longtemps. *Его сестра нравится мне уже давно.*
d. Cette histoire leur .... *Им понравилась эта история.*
e. Avant tu me .... plus. *Раньше ты нравился (лась) мне больше.*

4. ДАЙТЕ PARTICIPE PASSÉ СЛЕДУЮЩИХ ГЛАГОЛОВ.

a. rire → ....
b. mettre → ....
c. avoir → ....
d. faire → ....
e. plaire → ....
f. être → ....

28. СПОРТСМЕНЫ

LES SPORTIFS

ЦЕЛИ УРОКА

- ДАТЬ СВОИ ПРЕДПОЧТЕНИЯ
- ВИДЫ СПОРТА

ПОНЯТИЯ

- ПЕРЕВОД «ТОЖЕ»
- МЕСТО НАРЕЧИЙ
- ГЛАГОЛ VOIR И REGARDER

ОЛИМПИЙСКИЕ ИГРЫ

– Я просто счастлива *(перевозбуждена)* при мысли *(присутствовать)* [, что] увижу Олимпийские игры!

Я купила билеты и [теперь] жду не дождусь *(спешу)*.

– На какие виды спорта ты купила *(взяла)* [билеты]?

– Пойду *(Я буду смотреть)* на теннис и баскетбол. Жаль, в летних играх нет фигурного катания…

– А я хотел бы увидеть церемонию открытия и закрытие [игр]. Я обожаю грандиозные представления *(большие спектакли)*, а соревнования не особо…

– Ну это не просто соревнования *(Но речь не идёт о любых соревнованиях)*! Можно увидеть *(Видят)* всемирно известных спортсменов.

И кстати *(впрочем)*, ты бы сходил на соревнования по конному спорту или ритмической гимнастике. Это тоже своего рода *(также красиво как)* спектакль.

– Да, *(это)* должно быть впечатляюще.

Я слышал, *(что они)* [на Олимпиаду] добавили состязания по сёрфингу, скалолазанию, скейтбордингу и даже по брейк-дансу.

– [Вот] видишь, тебе могло бы *(взяла)* понравиться.

– Честно говоря, я хотел посмотреть плавание и дзюдо, но мне не удалось купить билеты.

– Мне тоже, мне не достались билеты на бокс. Но в итоге *(в финале)* я не жалею. На мой взгляд *(Я их нахожу особенно)*, они слишком дорогие.

LES JEUX OLYMPIQUES

– Je suis surexcitée à l'idée d'assister aux Jeux Olympiques !

J'ai acheté les billets et j'ai hâte.

– Qu'as-tu pris comme disciplines ?

– Je vais regarder le tennis et le basket-ball. Dommage, il n'y a pas de patinage artistique aux JO d'été.

– Moi, j'aimerais voir la cérémonie d'ouverture et de clôture. J'adore les grands spectacles, pas tellement les compétitions…

– Mais il ne s'agit pas de n'importe quelle compétition ! On voit des athlètes mondialement connus.

D'ailleurs, tu devrais aller voir les compétitions d'équitation ou la gymnastique rythmique. C'est aussi beau qu'un spectacle.

– Oui, ça doit être spectaculaire.

J'ai entendu dire qu'ils ont ajouté des épreuves de surf, d'escalade, de skateboard et même du breakdance.

– Tu vois, ça pourrait te plaire aussi.

– À vrai dire, je voulais voir la natation et le judo mais je n'ai pas réussi à avoir de billets.

– Moi non plus, je n'ai pas eu de billets pour la boxe. Mais au final, je ne regrette pas. Je les trouve particulièrement chers.

■ РАЗБИРАЕМ ДИАЛОГ
СЛОВА И ФРАЗЫ

→ **Billet** очень похоже на русский *билет*. Внимательно прослушайте запись и повторите за диктором, чтобы не сделать ошибку в произношении: **бие**.

→ **As-tu pris?** В инверсии с **passé composé** меняются местами подлежащее-местоимение и вспомогательный глагол.

→ Выражение **avoir hâte** означает *спешить*, а добавив подлежащее, выражение можно будет перевести следующим образом: **Il a hâte de vous voir !** *Он не может дождаться вашей встречи (увидеть вас)!*

→ **De grands spectacles**: в словосочетании, в котором после прилагательного стоит существительное во множественном числе, подразумевающийся артикль **des** опускается.

→ Возвратный глагол **s'agir** используется только в безличной структуре с местоимением **il**. После этой конструкции употребляется предлог **de**: **il s'agit de toi**, *речь идёт о тебе*.

ИЗВЕСТНЫЕ СОРЕВНОВАНИЯ

Во Франции проходят многочисленные соревнования по разным видам спорта. Перечислим одни из самых известных: **Tour de France**, знаменитая велогонка; **Roland Garros**, теннисный турнир; **Vendée Globe**, или, как его ещё называют, "Эверест парусного спорта" – сложнейшая кругосветная парусная регата; **Les 24 heures du Mans**, одно из главных событий автоспорта; **Open de France**, самый старый турнир по гольфу в Европе; **le marathon de Paris**, легендарный парижский марафон.

◆ ГРАММАТИКА
ПЕРЕВОД "ТОЖЕ"

Русское *тоже* переводится на французский **aussi** и **non plus**. Объясняем разницу.

Aussi употребляется в утвердительных фразах, в то время как **non plus** употребляется в отрицательных. Сравните: **Paul a aussi ce livre**. *У Поля тоже есть эта книга.* Но: **Paul n'a pas ce livre non plus**. *У Поля тоже нет этой книги.*

Когда подлежащее выражено местоимением, оно повторяется (используется его самостоятельная ударная форма): **Moi** non plus, **je** n'ai pas compris ce que tu as dit. *Я тоже не понял(а), что ты сказал(а).*

Оба местоимения могут стоять в начале или в конце предложения.

МЕСТО НАРЕЧИЙ

В простых временах наречие времени или места ставится, как правило, после глагола, к которому относится. Если наречие относится не к определённому глаголу, оно ставится в начале или в конце фразы. Сравните: **Habituellement, nous partions pour la mer**. *Обычно мы ездили на море.* **Je t'aime très fort**. *Я очень сильно тебя люблю.* **Il parle doucement.** *Он говорит тихо.* **Elle vivait là-bas.** *Она там жила.*

В сложных временах наречие времени или места также ставится после глагола за исключением некоторых наречий: **Il est venu rapidement.** *Он пришёл быстро.*

Некоторые наречия ставятся между вспомогательным глаголом и причастием прошедшего времени. Речь идёт о наречиях **assez**, *достаточно*; **beaucoup**, *много*; **bien**, *хорошо*; **déjà**, *уже*; **encore**, *ещё*; **mal**, *плохо*; **peu**, *мало*; **trop**, *слишком*; **assez**, *достаточно*.

Например: **J'ai bien aimé ce livre**. *Мне очень понравилась эта книга.* **Elle est déjà arrivée**. *Она уже пришла.*

ИЗОЛИРОВАННЫЕ ОТРИЦАТЕЛЬНЫЕ ЧАСТИЦЫ PAS И PLUS

Частицы **pas** и **plus** могут употребляться в разговорной речи без первой части отрицания **ne**. Речь идёт о неполных фразах с прилагательным, наречием, а иногда и подлежащим: **J'adore ce spectacle, pas tellement les acteurs (je n'adore pas tellement les acteurs)**, *Обожаю этот спектакль, а актёров не особо.* **Elle m'a aidé, pas lui. (lui, il ne m'a pas aidé)**, *Она мне помогла, а он нет.*

ВЫРАЖЕНИЯ С ГЛАГОЛАМИ PARLER И DIRE

Рассмотрим два очень похожих выражения, которые употребляются с одинаковым смыслом – *слышать (о чём-то от кого-то)*: **entendre parler** и **entendre dire**.

После **entendre parler** употребляется предлог **de**, за которым обычно следует словосочетание, существительное или местоимение: **J'ai entendu parler de ce film.** *Я слышал(а) об этом фильме.*

Entendre dire не требует предлога, соответственно мы можем употребить после него целую фразу: **J'ai entendu dire qu'il est Français.** *Я слышал(а), что он француз.*

ГЛАГОЛ VOIR И REGARDER

Глаголы **voir** и **regarder** имеют сходное значение, но необходимо объяснить нюансы. **Voir**, *видеть,* означает действие, не зависящее от нашего желания, выражет физическую возможность видеть что-то, то есть, это своего рода пассивное действие. Глагол же **regarder**, *смотреть*, означает осознанное активное действие, совершаемое осмысленно и с определённой целью. Сравните: **Me vois-tu ?** *Ты меня видишь?* **Me regardes-tu ?** *Ты на меня смотришь?*

Иногда можно использовать оба глагола, но посмотрите на разницу в значении: **Je vois le train.** *Я вижу поезд.* (поезд находится в поле моего зрения, я просто констатирую его присутствие). **Je regarde le train.** *Я смотрю на поезд.* (я смотрю на поезд с какой-то целью, моё внимание сконцентрировано на нём).

СЛОВАРЬ

sportif (m), *спортсмен*
jeu (m), *игра*
olympique, *олимпийский*
surexcité, *перевозбуждённый*
assister, *присутствовать*
billet (m), *билет*
avoir hâte, *спешить*
discipline (f), *дисциплина, вид спорта*
tennis (m), *теннис*
patinage (m) **artistique**, *фигурное катание*
basket-ball (m), *баскетбол*
cérémonie (f), *церемония*
ouverture (f), *открытие*
clôture (f), *закрытие*
tellement, *так, очень*
compétition (f), *соревнование, состязание*
athlète (m), *атлет, спортсмен*
connu, *известный*
d'ailleurs, *впрочем*
équitation (f), *конный спорт*
gymnastique (f) **rythmique**, *ритмическая гимнастика*
spectaculaire, *впечатляющий, зрелищный*
épreuve (f), *состязание, испытание*
surf (m), *сёрфинг*
escalade (f), *скалолазание*
skateboard (m), *скейт(бординг)*
breakdance (m), *брейк-данс*
natation (f), *плавание*

judo (m), *дзюдо*
réussir, *преуспеть, получиться*
boxe (f), *бокс*
au final, *в итоге*
regretter, *жалеть*
particulièrement, *особенно*

● УПРАЖНЕНИЯ

1. ВЫБЕРИТЕ ПРАВИЛЬНУЮ ФОРМУ.

a. Je ne veux pas .... *Я тоже не хочу.*

b. Toi ...., tu ne le connais pas ? *Ты тоже не знаешь его?*

c. Martina a .... cette blouse. *У Мартины тоже есть эта блузка.*

d. Je veux du gâteau, moi .... *Я тоже хочу торта.*

2. НАПИШИТЕ, ПРОСЛУШАВ АУДИОЗАПИСЬ.

a. .... *Вы слышали о ней?*

b. .... *Я буду смотреть теннис.*

c. .... *Честно говоря, я ни о чём не жалею.*

d. .... *Она мне помогла, а он нет.*

3. VOIR ИЛИ REGARDER?

a. Attention, ils nous .... ! *Осторожно, они нас видят!*

b. Qu'est-ce que tu .... ? *На что ты смотришь?*

c. Ils .... un film. *Они смотрят фильм.*

d. Avez-vous .... cette affiche ? *Вы видели эту афишу?*

e. Pourquoi elle me .... comme ça ? *Почему она так смотрит на меня?*

4. ДОБАВЬТЕ НАРЕЧИЕ, КОТОРОЕ ВЫ СЛЫШИТЕ НА АУДИОЗАПИСИ.

a. J'ai envie d'y aller ! *Я так хочу туда поехать!*

b. Il a tout compris. *Он всё хорошо понял.*

c. Écoute-moi ! *Слушай меня внимательно!*

d. Parlez ! *Говорите тише!*

29. СМИ
LES MÉDIAS

ЦЕЛИ УРОКА

- ЛЕКСИКА СМИ
- РАССКАЗАТЬ НОВОСТЬ

ПОНЯТИЯ

- ПОВЕЛИТЕЛЬНОЕ НАКЛОНЕНИЕ С ДОПОЛНЕНИЕМ
- СОСТАВНЫЕ ВРЕМЕНА
- ВЫДЕЛИТЕЛЬНЫЕ ОБОРОТЫ
- ГЛАГОЛ SUIVRE

НОВОСТИ

– Я не хочу больше следить за новостями: *(ты)* включаешь радио, *(они говорят)* только ужасы рассказывают, а ведущие в телевизоре удручающие.

– Я *(следую за)* подписан на одного инфлюэнсера, у которого тысячи подписчиков.

Он говорит о новостях и старается давать объективную информацию, хотя иногда он всё-таки субъективен…

– Это тот, который взял интервью у президента республики в прошлом году ?

– Да, и он только что летал на частном самолёте с самым известным в данный момент репером, чтобы взять у него интервью.

– А точно *(да)*, я только что прочитал это на его странице.

Это я и люблю в *(этих)* молодых журналистах. Они ничего не боятся!

– А ты [есть] в соцсетях? Никогда бы не подумала *(поверила)*…

Я думала, что ты только читаешь статьи в печатной прессе *(бумажныз газетах и журналах)*.

В крайнем случае, что ты смотришь передачи и информационные выпуски по телевизору, но не представляла, что ты используешь Интернет…

Только не говори, что у тебя есть свой блог и что ты публикуешь сторис.

– А почему нет? Я сижу в Интернете, захожу на вебсайты и форумы.

Я современный мужчина!

– Ты на какой платформе и какой у тебя *(имя)* профиль? Дай мне его, пожалуйста, я тебя добавлю.

– Держи. Но подожди, мне надо тебя принять: у меня закрытый профиль.

LES ACTUALITÉS

– Je n'ai plus envie de suivre les infos, tu allumes la radio, ils ne racontent que des horreurs et les présentateurs à la télé sont déprimants.

– Je suis la chaîne d'un influenceur qui a des milliers d'abonnés.

Il parle des actualités et essaie de donner les infos objectives, même si parfois il est quand même subjectif…

– C'est lui qui a interviewé le Président de la République l'année dernière ?

– Oui. Il vient de faire un voyage en jet privé avec le rappeur le plus à la mode du moment pour l'interviewer.

– Ah oui, je viens de lire ça sur sa page.

C'est ça que j'adore avec ces jeunes journalistes, ils n'ont peur de rien !

– Tu es sur les réseaux sociaux, toi ? Je n'aurais jamais cru…

Je pensais que tu lisais uniquement des articles dans les journaux et les magazines papier !

À la limite que tu regardais des émissions et des journaux télévisés mais t'imaginer aller sur Internet…

Ne me dis pas que tu tiens un blog et que tu postes des stories ?!

– Et pourquoi pas ? Je surfe sur Internet, je visite des sites web et des forums. Je suis un homme moderne, moi !

– Tu es sur quel réseau et c'est quoi ton nom de profil ? Donne-le-moi, s'il te plaît ! Je vais t'ajouter.

– Tiens ! Mais attends, il faut que je t'accepte, j'ai un profil fermé.

■ РАЗБИРАЕМ ДИАЛОГ
СЛОВА И ФРАЗЫ

→ Широко распространённое в разговорной речи **la télé** – сокращение женского рода от **le téléviseur**, как ни странно мужского рода.
→ **influenceur**, *инфлюэнсер*, прижилось в русском языке, но иногда слово переводится *лидер мнений*.
→ Когда **mille**, *тысяча*, употребляется без следующего за ним существительного, она превращается в **millier**. Заметим, что **mille** не изменяется, а **millier** согласуется во множественном числе, приобретая конечную **s**.
→ Во французском языке **les infos**, *информация*, употребляется во множественном числе.
→ **interview** – заимствование из английского языка, который в свою очередь вдохновился французским **entrevue**. Внимательно прослушайте аудиозапись.
→ **jet privé** – не произносите слово **jet** на французский манер – это заимствование из английского и произносится *джэт*. **Jet**, *жэ*, тоже существует и означает *струя, поток*.
→ **magazine**, *журнал*, – не путать с **magasin**, *магазин*.
→ **surfer**, *заниматься сёрфингом*, в сочетании со словом **internet**, означает *сидеть в сети, зависать в Интернете*.

ФРАНЦУЗСКИЕ СМИ

PAF, **Paysage Audiovisuel Français**, объединяет все платные и бесплатные телеканалы и радиостанции Франции: более 1000 радиостанций, 30 национальных каналов и 4000 печатных изданий. Перечислим наиболее известные из них, о которых вы, несомненно, услышите во Франции: **Radio France**, **France Inter**, **France 24**, **Arte**, **France Télévision**, **France Médias Monde**, **TV5Monde** и **INA**. Из газет и журналов, пожалуй, нельзя обойти вниманием **Le Monde**, **Le Figaro**, **La Libération**, **L'Express**.

◆ ГРАММАТИКА
МЕСТО ПРЯМОГО ДОПОЛНЕНИЯ ПРИ ПОВЕЛИТЕЛЬНОМ НАКЛОНЕНИИ

Вы уже встречали местоимения-дополнения и знаете, что, как правило, они ставятся перед глаголом: **tu te couches**, *ты ложишься*. Однако с глаголом в повелительном наклонении местоимение ставится после глагола (для **te** – ударная форма **toi**) и пишется через дефис: **Couche-toi** ! *Ложись!* Заметим, что в отрицательной форме, местоименная частица вновь оказывается перед глаголом: **Ne te couche pas** ! *Не ложись!*

Местоимение-косвенное дополнение ведёт себя точно так же, как и прямое: **donne-moi** ! *дай мне!* **Ne me donne pas.** *Не давай мне!*

Если во фразе присутствуют несколько местоимений, сразу после глагола (или перед ним) ставится прямое, а затем косвенное: **donne-le-moi** ! (**le** - *что? прямое дополнение*, **moi (à moi)** - *кому? косвенное*) *дай мне это!* **Ne me le donne pas.** *Не давай мне это!*

ВЫДЕЛИТЕЛЬНЫЕ ОБОРОТЫ

Во французском существует несколько способов выделения информации. Мы уже рассматривали способ повторения слова, помещая его в конец фразы и таким образом ставя на него логический акцент: **Tu la veux, la banane ?** *Ну ты банан хочешь?* Иногда слово ставится наоборот в начале фразы, таким образом оно обосабливается и повторяется снова при помощи местоимения: **La banane, tu la veux ?** *Ну ты этот банан хочешь?* **Je l'aime bien, moi.** *А мне он нравится.*

Ещё один способ выделения – употребление выделяющих конструкций типа **c'est (ce sont)… que/qui**, **voilà… que/qui**, etc. Слово, на которое мы ставим акцент, ставится между двумя частями данной конструкции. Просмотрите предложенные примеры: **C'est Paul que j'aime.** *Я люблю Поля (именно его, а не кого-то другого).* **Voilà le livre que j'ai acheté.** *Вот книга, которую я купил(а).* В случае местоимений, после мы используем их ударную форму (например, **te** - **toi**, **il** - **lui**, **ils** - **eux**): **Ce sont eux qui me regardent.** *Это они на меня смотрят (а не я на них).*

▲ СПРЯЖЕНИЕ
СОСТАВНЫЕ ВРЕМЕНА

Мы уже рассмотрели образование нескольких времён – простых и составных. Вот ещё два составных времени, которые вы уже встречали в предыдущих диалогах. Оба времени используются в основном в устной речи, реже на письме.

Futur proche – время, выражающее действие, которое произойдёт совсем скоро. Оно образуется при помощи спрягаемого в настоящем времени глагола **aller** и инфинитива смыслового глагола. Заметим, что это время постоянно используется в разговорной речи: **Je vais y aller.** *Я пойду.*

Интересно отметить, что в разговорной речи не всегда ставится акцент на близость будущего события. Иногда время употребляется просто для обозначения будущего действия: **Je vais m'acheter un chat.** *Куплю себе кота.*

Второе составное время **Passé immédiat** или **passé récent** – выражает действие, которое только что произошло. Оно образуется при помощи спрягаемого в настоящем времени глагола **venir** и следующими за ним предлогом **de** и неопределённой формы смыслового глагола. Рассмотрите данные примеры: **Je viens de manger.** *Я только что поел(а).* – **Vous venez d'acheter cette table?** *Вы совсем недавно купили этот стол?* – **Non, nous l'avons depuis longtemps.** *Нет, он у нас давно.*

ГЛАГОЛ SUIVRE

Глагол принадлежит к третьей группе, его спряжение особенно. В настоящем времени его спряжение следующее:

Le présent	
je suis	nous suivons
tu suis	vous suivez
elle/il suit	elles/ils suivent

Внимание, не путайте два глагола с идентичной формой первого лица единственного числа **je suis**, *я есть*, - глагол **être** и **je suis**, *я следую*, - глагол **suivre**.

В будущем времени неопределённая форма теряет конечную **e**, и к этой базе добавляются окончания будущего времени: **je suivrai**.

Причастие прошедшего времени глагола **suivre** (participe passé): **suivi**.

СЛОВАРЬ

médias (pl), *СМИ*
actualités (pl), *новости*
suivre, *следовать, следить*
info (f), **information** (f), *информация*
allumer, *включить*
radio (f), *радио*
horreur (f), *ужас*
présentateur (m), **présentatrice** (f), *ведущий (ая)*
télé (f), **téléviseur** (m), *телевизор*
déprimant, *удручающий*
chaîne (f), *канал*
influenceur (m), *инфлюэнсер, лидер мнений*
abonné (m), *подписчик*
objectif, *объективный*
subjectif, *субъективный*
interviewer, *брать интервью*
président (m), *президент*
république (f), *республика*
voyage (m), *путешествие, поездка*
jet (m) **privé**, *частный самолёт*
rappeur (m), *рэпер*
moment (m), *момент*
page (f), *страница*
jeune, *молодой*
peur (f), *страх*
réseaux (pl) **sociaux**, *соцсети*
uniquement, *только*
article (m), *статья*
journal (m), *газета*
magazine (m), *журнал*
à la limite, *на крайний случай*
émission (f), *передача (по телевизору)*
journal (m) **télévisé**, *новостной выпуск*
imaginer, *представить*
blog (m), *блог*
poster, *выставлять, публиковать*
stories (f), *сторис*
surfer, *заниматься сёрфингом*
visiter, *посещать*
forum (m), *форум*
profil (m), *профиль*
tenir, *держать*
accepter, *принимать*

● УПРАЖНЕНИЯ

1. ЗАПИШИТЕ УСЛЫШАННЫЕ МЕСТОИМЕНИЯ.

a. Donne-moi la pomme ! – Donne .... !

b. Passez-moi les livres ! – Ne .... passez pas !

c. Arrête-toi ! – Ne .... arrête pas !

d. Ecris-moi une lettre ! – Ecris .... !

2. ПОСТАВЬТЕ ФРАЗУ В ПОВЕЛИТЕЛЬНОЕ НАКЛОНЕНИЕ, ЗАМЕНИВ СУЩЕСТВИТЕЛЬНОЕ МЕСТОИМЕНИЕМ (ТЫ).

a. Regarder le film.
→ .... !

b. Acheter les tomates et donner les tomates à moi.
→ .... !

c. Ne pas lire le livre.
→ .... !

3. ИСПОЛЬЗУЙТЕ C'EST... QUI/QUE СО СЛОВОМ, УКАЗАННЫМ ЖИРНЫМ ШРИФТОМ.

a. J'ai pris le métro. → ....

b. J'ai mangé le gâteau. → ....

c. Claire a dit ça. → ....

d. Je l'ai vu. → ....

4. ДОПОЛНИТЕ ФРАЗУ ПРОШЕДШИМ ИЛИ БУДУЩИМ.

a. Nous .... partir de la fête.

b. Chloé .... te téléphoner tout à l'heure.

c. Les enfants .... finir les exercices.

d. Charles .... nous donner les clés.

e. Je .... te dire ce que tu veux savoir.

КЛЮЧИ К УПРАЖНЕНИЯМ

ПРИМЕЧАНИЕ

На следующих страницах вы найдете ответы к упражнениям из предыдущих глав книги. Упражнения с аудиозаписью отмечены пиктограммой 🔊 с указанием номера аудиодорожки. Они записаны сразу после диалога в уроке, поэтому у них такой же номер дорожки.

1. СЛОВА

🔊 03 **1. b.** métro **c.** bus

🔊 03 **2. b.** merci

3. a. Ж **b.** М **c.** М **d.** М **e.** Ж **f.** Ж
4. a. тонна **b.** кофе **c.** обезьяна
d. шаг **e.** улица **f.** колесо

2. КТО ИЛИ ЧТО?

🔊 04 **1. a.** sont **b.** est **c.** est **d.** est
e. sont

🔊 04 **2. a.** la sœur **b.** la vie **c.** le héros **d.** la chimie **e.** le melon
3. a. Est-ce une fille ? **b.** Est-il ici ?
c. Est-ce sa mère ? **d.** Sont-ils ses parents ?

🔊 04 **4. a.** je suis **b.** tu es **c.** il/elle est
d. nous sommes **e.** vous êtes
d. ils/elles sont

3. ВСТРЕЧА

🔊 05 **1. b.** famille **c.** cédille **e.** fille
2. a. quoi **b.** qui **c.** qui **d.** qui **e.** quoi

🔊 05 **3. a.** belle **b.** grise **c.** neuve
d. bonne
4. a. je vais **b.** ils vont **c.** tu vas **d.** il/elle va **e.** vous allez

4. ГОСТИ

🔊 06 **1. b.** ça **c.** ici
2. a. beaux cheveux **b.** vies tranquilles
c. yeux gris **d.** bonnes nouvelles

🔊 06 **3. a.** je donne **b.** elles donnent
c. tu donnes **d.** vous donnez

🔊 06 **4. a.** on aime **b.** tu gonfles
c. nous racontons **d.** elle rate **e.** ils arrivent

5. ТЕЛЕФОННЫЙ РАЗГОВОР

🔊 07 **1. b.** seule **d.** ravie **e.** belle
g. nouveau
2. a. Mes invités sont-ils en retard ?
b. Son frère est-il beau ? **c.** Julie vient-elle te chercher ?
3. a. Est-ce que tu es ici ? **b.** Quand est-ce qu'elle arrive ? **c.** Est-ce qu'ils sont frères ?

🔊 07 **4. a.** je finis **c.** elle finit **d.** nous finissons **f.** ils finissent

6. СОСЕДИ

1. a. nous **b.** ils, elles **c.** vous **d.** je, il, elle, on

🔊 08 **2. a.** mon **b.** son **c.** leur
d. notre **e.** votre

🔊 08 **3. a.** notre rue **c.** ta famille
4. a. avez **b.** ai **c.** a **d.** ont **e.** as
f. avons

7. СЛУЧАЙНОСТЬ

1. a. nos **b.** sa **c.** leurs **d.** ses **e.** leur

🔊 09 **2. a.** чемодан **b.** поезд
c. помочь/помогать **d.** ожидание
e. полдень

🔊 09 **3. a.** reconnais **b.** aidons
c. se connaissent **d.** m'appelle
e. te dépêches **f.** arrive
4. a. vous **c.** s' **d.** se **e.** t'

8. ПОКУПКИ

1. a. chez le **b.** au **c.** chez le **d.** au

🔊 10 **2. a.** de la **b.** des **c.** du **d.** de l'
e. des

🔊 10 **3. a.** Je ne bois jamais d'eau.
b. Il va chez le coiffeur. **c.** Penses-y !
4. a. Achetez ! **b.** Ne rate pas !
c. Vas-y ! **d.** Soyez ! **e.** Appelle-moi !
f. Va !

9. В РЕСТОРАНЕ

1. a. les **b.** l' **c.** le **d.** la **e.** Me

🔊 11 **2. a.** la fête des voisins **c.** aller chez le boucher **d.** donner aux filles
e. ici, il n'y a pas de bananes **f.** aller au marché **g.** le père du garçon

🔊 11 **3. a.** beaucoup de pommes
d. une corbeille de pain **e.** il n'y a pas de tomates

🔊 11 **4. a.** Tu manges **b.** Nous mangeons **c.** Elles mangent

10. ВРЕМЯ

1. a. jour **b.** minuit **c.** heure **d.** vol

🔊 12 **2. a.** En plus **b.** vers **c.** Demain
d. près de **e.** Ici
3. a. Il est trois heures. **b.** Il est cinq

heures et demie. **c.** Il est une heure. **d.** Il est presque midi. **e.** Il est huit heures pile.

🔊 12 **4. a.** je dois **b.** vous devez **c.** ils doivent **d.** on doit **e.** tu dois

11. КВАРТИРА

1. a. Elles **b.** eux **c.** moi **d.** Tu **e.** Toi **f.** Je

🔊 13 **2. a.** pas **b.** pas **d.** pas
3. a. lui **b.** eux **c.** elle **d.** elles

🔊 13 **4. a.** nous faisons **b.** tu fais **c.** il fait **d.** je fais **e.** vous faites **f.** on fait **g.** elles font

12. ПОГОДА

1. a. verticalement **b.** chaudement **c.** joliment **d.** légèrement **e.** gentiment

🔊 14 **2. a.** - **b.** à **c.** de **d.** - **e.** -
3. a. la nuit **b.** le matin **c.** le jour **d.** le soir

🔊 14 **4. a.** Aujourd'hui, il fait froid. **b.** Ce matin, il y a du vent. **c.** Dans la soirée, il fait frais. **d.** Il pleut.

13. ПОСЛОВИЦЫ И ПОГОВОРКИ

1. a. la vôtre **b.** vos **c.** notre **d.** notre – le vôtre

🔊 15 **3. a.** le bœuf **c.** les sens **d.** pour **g.** le but
4. a. il tutoie **c.** nous essayons

14. У ВРАЧА

🔊 16 **1. a.** avons **b.** bien **c.** malades **d.** fièvre **e.** sentez / portez
2. a. simple **b.** agréable **c.** simplement **d.** étonnant
3. a. genoux **b.** corps **c.** yeux **d.** fronts

🔊 16 **4. a.** cou **b.** tête **c.** pied **d.** corps **e.** bouche **f.** langue **g.** oreille **h.** poitrine

15. КАНИКУЛЫ

1. a. moins **b.** plus **c.** aussi **d.** plus
3. a. aiment **b.** se reconnaissent **c.** finissent

🔊 17 **4. a.** remarque **b.** sachiez **c.** attendent **d.** aies **e.** donnions **f.** aille **g.** veuille **h.** soit

16. В ГОРОДЕ

1. a. en **b.** y **c.** y

🔊 18 **2. a.** derrière **b.** devant **c.** à droite **d.** gauche **e.** droit **f.** avant
3. a. 2 **b.** 4 **c.** 1 **d.** 3

🔊 18 **4. a.** viennent **b.** viens **c.** revenons

17. МАШИНА

1. a. en **b.** à **c.** en **d.** à **e.** à **f.** en
2. a. chez **b.** ø **c.** à **d.** par

🔊 19 **3. a.** faisais **b.** faisait **c.** faisions **d.** faisiez **e.** faisaient

🔊 19 **4. a.** ils pensaient **b.** je me dépêchais **c.** vous signifiiez **d.** elle dirigeait **e.** il fallait **f.** tu étais

18. СПОРТЗАЛ

1. a. font **b.** fais **c.** fait **d.** fais
2. a. connais **b.** savons **c.** connais **d.** sait / connaît **e.** savez **f.** se connaissent

🔊 20 **3. a.** Seule **b.** seuls **c.** seul **d.** seules

🔊 20 **4. a.** connais **b.** sais **c.** savent **d.** connaissons **e.** sait **f.** connaissent **g.** savez

19. НА РАБОТЕ

🔊 21 **1. a.** lundi **b.** Samedi **c.** vendredi **d.** jeudi **e.** dimanche
2. a. Ce mardi **b.** Le dimanche **c.** un jeudi **d.** le mercredi
3. a. me **b.** lul **c.** lui **d.** leur

🔊 21 **4. a.** je vais voir **b.** il va demander **c.** ils vont préparer **d.** vous allez rentrer

20. НА ПОЧТЕ

1. a. le plus grand **b.** le mieux **c.** la pire **d.** le moins **e.** le pire

🔊 22 **2. a.** le plus petit **b.** aussi mauvais **c.** plus grand **d.** meilleure
3. a. au **b.** du **c.** de la **d.** aux **e.** au

🔊 22 **4. a.** j'envoie **b.** vous envoyez **c.** ils envoient **d.** tu envoies **e.** nous envoyons

21. В АПТЕКЕ

1. a. as trouvé **b.** a acheté **c.** avez eu

279

d. ont appelé **e.** est parti
2. a. mangeait **b.** lisait **c.** as-tu trouvé
d. ai donné

🔊 23 **3. a.** utilisé **b.** choisi **c.** eu
d. retiré **e.** été **f.** tombé

🔊 23 **4. a.** réglons **b.** règle **c.** réglez
d. règlent

22. ИНТЕРНЕТ

🔊 24 **1. a.** que **b.** dont **c.** que **d.** qui
e. ce que **f.** qui
2. a. partie **b.** ø **c.** ø **d.** partis

🔊 24 **3. a.** refaire **b.** rouvrir
c. réessayer **d.** remonter **e.** réécouter
f. recommencer
4. a. demande **b.** prie/demande
c. demande

23. ПОКУПКИ

🔊 25 **1. a.** votre – Le nôtre **b.** leurs
c. ton – le mien **d.** le sien
2. a. noire **b.** orange **c.** blanches
d. marron **e.** vertes
3. a. tu seras **b.** j'aurai **c.** vous aurez
d. je serai **e.** elle aura **f.** ils seront

🔊 25 **4. a.** donnerons **b.** hésiteront
c. ferai **d.** attendra **e.** sortirez **f.** verras

24. ПЛАНЫ НА ВЕЧЕР

🔊 26 **1. a.** aux **b.** en **c.** à - au **d.** en
e. à **f.** au
2. a. court **b.** cou **c.** vert
3. a. mangeons **b.** fonçais **c.** dirigiez
d. commençons **e.** changeaient
f. forçait

🔊 26 **4. a.** Voudriez **b.** Pourrais
c. ferais **d.** comprendrait **e.** Serions
f. viendrait

25. УЖИН

1. a. beaucoup **b.** très **c.** très **d.** beaucoup

🔊 27 **2. a.** te l'a **b.** leur avons **c.** te
l'ai **d.** l'as

🔊 27 **3. a.** partie **b.** ø **c.** ø
d. rencontrées **e.** levée
4. a. Il vous attend **b.** Tu te trompes
c. Ils se sont bien entendus **d.** Nous
nous ennuyons

26. ОТПУСК

1. a. place **b.** lieu **c.** endroit

🔊 28 **2. a.** même **b.** les mêmes
c. Même **d.** la même **e.** même
3. a. parlé **b.** parlent **c.** dit **d.** raconté

🔊 28 **4. a.** Il ne nous raconte rien.
b. Tu n'as qu'un frère. **c.** Vous êtes en
retard vous-mêmes.

27. ДОМАШНИЕ И ДИКИЕ ЖИВОТНЫЕ

🔊 29 **1. a.** Moi **b.** vous **c.** elle **d.** le
e. Lui

🔊 29 **2. a.** Tu ne le sais pas. **b.** Ils
en parlent. **c.** Il t'a dit oui. **d.** Vous le
connaissez. **e.** C'est mon chat.
3. a. plaira **b.** plaît **c.** plaît **d.** a plu
e. plaisais
4. a. ri **b.** mis **c.** eu **d.** fait **e.** plu **f.** été

28. СПОРТСМЕНЫ

1. a. non plus **b.** non plus **c.** aussi
d. aussi

🔊 30 **2. a.** Avez-vous entendu parler
d'elle ? **b.** Je vais regarder le tennis.
c. À vrai dire, je ne regrette rien.
d. Elle m'a aidé, pas lui.
3. a. voient **b.** regardes **c.** regardent
d. vu **e.** regarde

🔊 30 **4. a.** J'ai tellement envie d'y
aller ! **b.** Il a tout bien compris.
c. Écoute-moi attentivement ! **d.** Parlez
plus doucement !

29. СМИ

🔊 31 **1. a.** Donne-la-moi ! **b.** Ne me
les passez pas ! **c.** Ne t'arrête pas !
d. Écris-la-moi !
2. a. Regarde-le ! **b.** Achète-les et
donne-les-moi ! **c.** Ne le lis pas !
3. a. C'est le métro que j'ai pris.
b. C'est le gâteau que j'ai mangé.
c. C'est Claire qui a dit ça. **d.** C'est moi
qui l'ai vu.

🔊 31 **4. a.** venons de **b.** va
c. viennent de **d.** vient de **e.** vais

ГРАММАТИЧЕСКИЙ СПРАВОЧНИК

■ СУЩЕСТВИТЕЛЬНОЕ

Во французском языке два рода – мужской и женский. Информацию о роде существительных нам даёт артикль, служебная часть речи, стоящая перед существительным. Запомните, кроме редких исключений, французское слово всегда употребляется с артиклем или заменяющими его служебными словами (например, с притяжательными или указательными местоимениями).

Артикль бывает **неопределённым** (когда речь идёт о незнакомом предмете, упоминающемся впервые) или **определённым** (собеседники знают, о чём/о ком именно идёт речь).

	неопределённый артикль	определённый артикль
Мужской род	**un colis**	**le colis**
Женский род	**une fille**	**la fille**
Множественное число (одинаковое для обоих родов)	**des colis, des filles**	**les colis, les filles**

Помните, что зачастую род в русском и французском языках не совпадает: **ville** (f), *город* (м.р.); **pied** (m), *нога* (ж.р.).

Множественное число обычно образуется при помощи непроизносимого окончания **s**. Но в некоторых случаях оно может образовываться при помощи буквы **x**, а иногда и путём изменения самого окончания: **genou**, колено – **genoux**; **animal**, животное – **animaux**.

Во французском нет падежей, их роль выполняют предлоги, которые могут « сливаться » с артиклями: **Je parle à Anna.** Я говорю с Анной. **Ils sont au musée.** Они в музее.

■ ПРИЛАГАТЕЛЬНОЕ

Французское прилагательное согласуется с существительным в роде и числе и, как правило, ставится после него. Прилагательные образуют женский род при помощи **e**, которое добавляется в конце слова, а множественное число образуется, как и в случае существительных, чаще всего при помощи **s**: **gris**, серый – **grise**, серая; **grises**, серые (в ж.р., в мужском форма остаётся неизменной, так как уже имеет окончание **s**: **gris**). Прилагательные на

eux образуют женский род на **-euse**, оканчивающиеся на **-on**, **-en**, **-ien**, **-il** удваивают конечную согласную перед непроизносимым **e**, окончание мужского рода **f** даёт в ж.р. **-ve**, а мужское окончание **eau**, превращается в **elle**: **bo**n, хороший – **bo**nne, хорошая; **gent**il, милый – **gent**ille, милая; **neu**f, новый – **neu**ve, новая; **heur**eux, счастливый – **heur**euse, счастливая; **b**eau, красивый – **b**elle, красивая.

Качественные прилагательное имеют сравнительные и превосходные степени, а некоторые образуют их неправильные формы: **bon**, хороший – **meilleur**, лучше, **le meilleur**, самый лучший.

■ ГЛАГОЛ

Во французском языке существует три группы глаголов. Глаголы первой группы оканчиваются в неопределённой форме глагола на **-er** (конечное **r** не произносится), ко второй группе относятся глаголы на **-ir** (конечное **r** произносится). Внимание, некоторые неправильные глаголы также могут иметь окончания **er** и **ir**, но различное спряжение. Неправильные глаголы относятся к третьей группе, их база изменяется, но они имеют те же глагольные окончания, что и правильные глаголы.

Правильные глаголы первой (**donner**, давать) и второй групп (**finir**, заканчивать):

• **Настоящее время (Le présent)**

Единственное число	Множественное число
je donne, *я даю*	**nous donn**ons, *мы даём*
tu donnes, *ты даёшь*	**vous donn**ez, *вы даёте*
il/elle donne, *он/она даёт*	**ils/elles donn**ent, *они дают*

Единственное число	Множественное число
je finis, *я заканчиваю*	**nous finiss**ons, *мы заканчиваем*
tu finis, *ты заканчиваешь*	**vous finiss**ez, *вы заканчиваете*
il/elle finit, *он/она заканчивает*	**ils/elles finiss**ent, *они заканчивают*

Заметим, что в спряжении настоящего времени глаголов второй группы появляется суффикс **iss** во множественном числе.

• **Будущее время** (**Le futur simple**) имеют одинаковые окончания для всех групп, они прибавляются к инфинитиву глагола, некоторые глаголы теряют конечную непроизносимую **e** (**lire**, **dire**, **écrire**). Неправильные глаголы зачастую меняют основу.

	инфинитив	окончания
je	parler	ai
tu	finir	as
il/elle/on	donner	a
nous	réfléchir	ons
vous	dire	ez
ils/elles	lire	ont

• **Прошедшее время (L'imparfait)**

Единственное число	Множественное число
je donnais, я давал(а)	nous donnions, мы давали
tu donnais, ты давал(а)	vous donniez, вы давали
il/elle donnait, он/она давал(а)	ils/elles donnaient, они давали

Единственное число	Множественное число
je finissais, я заканчивал(а)	nous finissions, мы заканчивали
tu finissais, ты заканчивал(а)	vous finissiez, вы заканчивали
il/elle finissait, он/она заканчивал(а)	ils/elles finissaient, они заканчивали

В этом времени снова наблюдается присутствие суффикса **iss**.

• **Составное прошедшее время (Le passé composé) и причастие прошедшего времени (participe passé)**

Образуется при помощи вспомогательного глагола (**avoir** или **être**) в настоящем времени и причастия прошедшего времени (**participe passé**) спрягаемого глагола.

Глаголы **avoir** и **être** употребляются с вспомогательным глаголом **avoir**. Местоименные глаголы, а также многочисленные глаголы, содержащие идею движения, употребляются с глаголом **être**. Запомните самые распространённые из них: **aller**, идти, ехать, **arriver**, прибыть, **devenir**, стать, **entrer**, войти, въехать, **monter**, подняться, **partir**, уехать, уйти, **rester**, остаться, **sortir**, выйти, **tomber**, упасть, **venir**, прийти. С **être** употребляются также глаголы **décéder**, умереть, **mourir**, умереть, и **naître**, родиться.

Причастие, употребляющееся с глаголом **être**, согласуется в роде и числе.

Запомните список следующих неправильных причастий: **avoir – eu**, **attendre – attendu**, **boire – bu**, **comprendre – compris**, **connaître – connu**, **croire – cru**, **devoir – dû**, **faire – fait**, **falloir – fallu**, **dire – dit**, **écrire – écrit**, **être – été**, **lire – lu**, **mettre – mis**, **mourir – mort**, **naître – né**, **pouvoir – pu**, **prendre – pris**, **recevoir – reçu**, **rire – ri**, **savoir – su**, **tenir – tenu**, **venir –venu**, **vivre – vécu**, **voir – vu**, **vouloir – voulu**.

■ НЕПРАВИЛЬНЫЕ ГЛАГОЛЫ:

• **Настоящее и будущее простое время**

Неправильные глаголы образуют группы спряжения. Рассмотрим самые распространённые и необходимые из них в настоящем времени, а также базу будущего времени, к которому прибавляются окончания (см. выше).

avoir, *иметь*; основа будущего времени **aur-** (**j'aurai**, **tu auras… ils auront**)

j'ai	nous avons
tu as	vous avez
elle/il/on a	ils/elles ont

être, *быть*; основа будущего времени **ser-** (**je serai**, **tu seras… ils seront**)

je suis	nous sommes
tu es	vous êtes
elle/il/on est	ils/elles sont

aller, *идти*, *ехать*; основа будущего времени **ir-** (**j'irai**, **tu iras… ils iront**)

je vais	nous allons
tu vas	vous allez
elle/il/on va	elles/ils vont

envoyer, *отправлять* (и **renvoyer**); основа будущего времени **enverr-** (**j'enverrai, tu enverras… ils enverront**)

j'envoie	nous envoyons
tu envoies	vous envoyez
elle/il/on envoie	elles/ils envoient

attendre, *ждать* (и глаголы на **-endre** (кроме **prendre**), **-andre**, **-ondre**, **-ompre** **-ordre**); основа будущего времени **attendr-** (**j'attendrai, tu attendras… ils attendront**)

j'attends	nous attendons
tu attends	vous attendez
elle/il/on attend	elles/ils attendent

prendre, *брать*; основа будущего времени **prendr-** (**je prendrai, tu prendras… ils prendront**)

je prends	nous prenons
tu prends	vous prenez
elle/il/on prend	elles/ils prennent

boire, *пить*; основа будущего времени **boir-** (**je boirai, tu boiras… ils boiront**)

je bois	nous buvons
tu bois	vous buvez
elle/il/on boit	elles/ils boivent

connaître, *знать* (во всех глаголах на **-aître** пишется **accent circonflexe** над **i** перед **t**); основа будущего времени **connaîtr-** (**je connaîtrai, tu connaîtras… ils connaîtront**)

je connais	nous connaissons
tu connais	vous connaissez
elle/il/on connaît	elles/ils connaissent

croire, *считать*, *верить* ; основа будущего времени **croir-** (**j'croirai, tu croiras… ils croiront**)

je crois	nous croyons
tu crois	vous croyez
elle/il/on croit	elles/ils croient

devoir, *быть должным* (**participe passé** пишется в мужском роде с диакритическим значком **dû**, но все остальные его формы пишутся без него **due**, **dus**, **dues**); основа будущего времени **devr-** (**je devrai, tu devras… ils devront**)

je dois	nous devons
tu dois	vous devez
elle/il/on doit	elles/ils doivent

faire, *делать*; основа будущего времени **fer-** (**je ferai, tu feras… ils feront**)

je fais	nous faisons
tu fais	vous faites
elle/il/on fait	elles/ils font

dire, *сказать*; основа будущего времени **dir-** (**je dirai, tu diras… ils diront**)

je dis	nous disons
tu dis	vous dites
elle/il/on dit	elles/ils disent

écrire, *писать*; основа будущего времени **écrir-** (**j'écrirai, tu écriras… ils écriront**)

j'écris	nous écrivons
tu écris	vous écrivez
elle/il/on écrit	elles/ils écrivent

lire, *читать*; основа будущего времени **lir-** (**je lirai, tu liras… ils liront**)

je lis	nous lisons
tu lis	vous lisez
elle/il/on lit	elles/ils lisent

mettre, *класть*; основа будущего времени **mettr-** (**je mettrai, tu mettras… ils mettront**)

je mets	nous mettons
tu mets	vous mettez
elle/il/on met	elles/ils mettent

pouvoir, *мочь*; основа будущего времени **pourr-** (**je pourrai, tu pourras… ils pourront**)

je peux	nous pouvons
tu peux	vous pouvez
elle/il/on peut	elles/ils peuvent

recevoir, *получать* (**ç** пишется во всех формах перед **o** и **u**); основа будущего времени **recevr-** (**je recevrai, tu recevras… ils recevront**)

je reçois	nous recevons
tu reçois	vous recevez
elle/il/on reçoit	elles/ils reçoivent

savoir, *знать*; основа будущего времени **saur-** (**je saurai, tu sauras… ils sauront**)

je sais	nous savons
tu sais	vous savez
elle/il/on sait	elles/ils savent

tenir, *держать* (и **venir**, приходить, приезжать); основа будущего времени **tiendr-** (**je tiendrai, tu tiendras… ils tiendront**)

je tiens	nous tenons
tu tiens	vous tenez
elle/il/on tient	elles/ils tiennent

vivre, *жить*; основа будущего времени **vivr-** (**je vivrai, tu vivras… ils vivront**)

je vis	nous vivons
tu vis	vous vivez
elle/il/on vit	elles/ils vivent

voir, *видеть*; основа будущего времени **verr-** (**je verrai, tu verras… ils verront**)

je vois	nous voyons
tu vois	vous voyez
elle/il/on voit	elles/ils voient

vouloir, *хотеть* (запомните форму повелительного наклонения, которая широко используется в вежливых просьбах или запретах: **veuillez ne pas nourrir les animaux**, *просьба не кормить животных*; **veillez monter par l'avant du bus**, *вход в автобус через переднюю дверь*); основа будущего времени **voudr-** (**je voudrai, tu voudras… ils voudront**)

je veux	nous voulons
tu veux	vous voulez
elle/il/on veut	elles/ils veulent

■ НЕСОВПАДЕНИЕ МЕСТОИМЕННОСТИ ГЛАГОЛОВ

Некоторые местоименные глаголы во французском языке переводятся невозвратными на русский и наоборот:

se composer (de qqch) *состоять из*
s'endormir *засыпать*
s'évanouir *падать в обморок*
se lever *вставать*
se passer *происходить*
se promener *гулять*
se rappeler *вспоминать*
se reposer *отдыхать*

commencer *начинаться*
descendre *спускаться*
devenir *становиться*
durer *продолжаться*
monter *подниматься*
rester *оставаться*
rentrer *возвращаться*
tâcher *стараться*

• Условное наклонение (le conditionnel)

Условное наклонение настоящего времени образуется при помощи базы будущего простого времени путём прибавления окончаний прошедшего времени **imparfait**.

parler, *говорить*

je parlerais	nous parlerions
tu parlerais	vous parleriez
elle/il/on parlerait	elles/ils parleraient

finir, *закончить*

je finirais	nous finirions
tu finirais	vous finiriez
elle/il/on finirait	elles/ils finiraient

aller, *идти, ехать*

J'irais	nous irion
tu irais	vous iriez
elle/il/on irait	elles/ils iraient

tenir, *держать*

je tiendrais	nous tiendrions
tu tiendrais	vous tiendriez
elle/il/on tiendrait	elles/ils tiendraient

- Сослагательное наклонение (le subjonctif)

Ниже вы найдёте список самых употребляемых глаголов в этом времени.

être, *быть*

que je sois	que nous soyons
que tu sois	que vous soyez
qu'elle/il/on soit	qu'elles/ils soient

avoir, *иметь*

que j'aie	que nous ayons
que tu aies	que vous ayez
qu'elle/il/on ait	qu'elles/ils aient

parler, *говорить*, правильный глагол первой группы на **-er**

que je parle	que nous parlions
que tu parles	que vous parliez
qu'elle/il/on parle	qu'elles/ils parlent

finir, *закончить*, правильный глагол второй группы на **-ir**

que je finisse	que nous finissions
que tu finisses	que vous finissiez
qu'elle/il/on finisse	qu'elles/ils finissent

envoyer, *отправлять*, неправильный глагол первой группы на **-er**

que j'envoie	que nous envoyions
que tu envoies	que vous envoyiez
qu'elle/il/on envoie	qu'elles/ils envoient

dire, *сказать*, неправильный глагол

que je dise	que nous disions
que tu dises	que vous disiez
qu'elle/il/on dise	qu'elles/ils disent

acheter, *покупать*, правильный глагол первой группы

que j'achète	que nous achetions
que je achètes	que vous achetiez
qu'elle/il/on achète	qu'elles/ils achètent

aller, *закончить*, неправильный глагол третьей группы

que j'aille	que nous allions
que tu ailles	que vous alliez
qu'elle/il/on aille	qu'elles/ils aillent

appeler, *звать*, звонить, глагол первой группы на **-eler** (буква **l** удваивается, когда за ней следует непроизносимая **e**)

que j'appelle	que nous appelions
que tu appelles	que vous appeliez
qu'elle/il/on appelle	qu'elles/ils appellent

boire, *пить*, неправильный глагол третьей группы

que je boive	que nous buvions
que tu boives	que vous buviez
qu'elle/il/on boive	qu'elles/ils boivent

croire, *считать*, неправильный глагол третьей группы

que je croie	que nous croyions
que tu croies	que vous croyiez
qu'elle/il/on croie	qu'elles/ils croient

devoir, *быть должным*, неправильный глагол третьей группы

que je doive	que nous devions
que tu doives	que vous deviez
qu'elle/il/on doive	qu'elles/ils doivent

faire, *делать*, неправильный глагол третьей группы

que je fasse	que nous fassions
que tu fasses	que vous fassiez
qu'elle/il/on fasse	qu'elles/ils fassent

lire, *читать*, неправильный глагол третьей группы

que je lise	que nous lisions
que tu lises	que vous lisiez
qu'elle/il/on lise	qu'elles/ils lisent

mettre, *класть*, неправильный глагол третьей группы

que je mette	que nous mettions
que tu mettes	que vous mettiez
qu'elle/il/on mette	qu'elles/ils mettent

pouvoir, *мочь*, неправильный глагол третьей группы

que je puisse	que nous puissions
que tu puisses	que vous puissiez
qu'elle/il/on puisse	qu'elles/ils puissent

prendre, *взять*, неправильный глагол третьей группы

que je prenne	que nous prenions
que tu prennes	que vous preniez
qu'elle/il/on prenne	qu'elles/ils prennent

savoir, *знать*, неправильный глагол третьей группы

que je sache	que nous sachions
que tu saches	que vous sachiez
qu'elle/il/on sache	qu'elles/ils sachent

servir, *служить*, подавать, неправильный глагол третьей группы

que je serve	que nous servions
que tu serves	que vous serviez
qu'elle/il/on serve	qu'elles/ils servent

venir, *приходить*, приезжать, (как и **tenir**, *держать*) неправильный глагол третьей группы

que je vienne	que nous venions
que tu viennes	que vous veniez
qu'elle/il/on vienne	qu'elles/ils viennent

vouloir, хотеть, неправильный глагол третьей группы

que je veuille	que nous voulions
que tu veuilles	que vous vouliez
qu'elle/il/on veuille	qu'elles/ils veuillent

■ ГЛАГОЛЬНОЕ УПРАВЛЕНИЕ

Глагольное управление в русском и французском языках часто не совпадает. Некоторые французские глаголы в обязательном порядке употребляются с предлогами. Вот список самых распространённых из них:

apprendre quelque chose, *выучить, узнать что-либо*

apprendre à faire quelque chose, *научиться что-либо делать*

il s'agit de quelque chose, *речь идёт о* (глагол употребляется в основном в этой форме)

aider quelqu'un à faire quelque chose, *помогать кому-то делать что-то*

appeler quelqu'un, *звонить кому-либо*

arrêter de faire quelque chose, *перестать, прекратить что-либо делать*

commencer à faire quelque chose, *начать что-либо делать*

demander à quelqu'un de faire quelque chose, *просить кого-либо что-либо сделать*

entendre parler de quelque chose, *слышать о чём-то*

essayer de faire quelque chose, *пытаться делать что-то*

se fatiguer à faire quelque chose, *устать что-либо делать*

se fatiguer de quelque chose, *устать от чего-либо*

s'inquiéter pour quelqu'un ou quelque chose, *переживать за кого-то или что-то, беспокоиться о ком-то или чём-то*

parler de quelque chose, *говорить о чём-либо*

regarder quelqu'un, *смотреть на кого-то*

- **Выражения с глаголом avoir**

Глагол **avoir** является вспомогательным и самостоятельным глаголом, он чрезвычайно продуктивен и с ним существует множество устойчивых выражений. В одних выражениях существительное, следующее за глаголом, употребляется без артикля, а в других с артиклем. Вот самые нужные и распространённые из них:

avoir besoin de quelque chose, *нуждаться в чём-либо*

avoir chaud, *согреться, ощущать жару*

avoir de la chance, *быть удачливым* (**elle a de la chance**, *ей везёт*)*, удаваться*

avoir le droit de faire quelque chose, *иметь право сделать что-либо*

avoir envie de quelque chose, *хотеть, желать что-либо*

avoir froid, *замерзнуть*

avoir faim, *хотеть есть*

avoir honte, *стыдиться*

avoir la grippe, *болеть гриппом*

avoir lieu, *иметь место*

avoir peur, *бояться*

avoir raison, *быть правым*

avoir soif, *хотеть пить*

avoir sommeil, *хотеть спать*

avoir l'habitude de faire quelque chose, *иметь привычку что-либо делать*

avoir l'occasion de faire quelque chose, *иметь возможность что-либо сделать*

avoir le temps faire quelque chose, *успевать что-либо сделать*

■ ЦИФРЫ

количественные	порядковые	количественные	порядковые
0 zéro			
1 un, une	premier, première	18 dix-huit	dix-huitième
2 deux	deuxième	19 dix-neuf	dix-neuvième
3 trois	troisième	20 vingt	vingtième
4 quatre	quatrième	21 vingt et un	vingt et unième
5 cinq	cinquième	22 vingt-deux	vingt-deuxième
6 six	sixième	30 trente	trentième
7 sept	septième	40 quarante	quarantième
8 huit	huitième	50 cinquante	cinquantième
9 neuf	neuvième	60 soixante	soixantième
10 dix	dixième	70 soixante-dix	soixante-dixième
11 onze	onzième	80 quatre-vingts	quatre-vingtième
12 douze	douzième	90 quatre-vingts-dix	quatre-vingts-dixième
13 treize	treizième	100 cent	centième
14 quatorze	quatorzième	101 cent-un	cent et unième
15 quinze	quinzième	200 deux cents	deux centièmes
16 seize	seizième	300 trois cents	trois centièmes
17 dix-sept	dix-septième	1000 mille	millième

Оформление и вёрстка: Assimil
Корректор: Ирина Капралова
Звукорежиссёр: Леонар Мюль @Studio du Poisson Barbu

© 2025, Assimil.
Обязательный экземпляр: январь 2025
Номер издания: 4416
ISBN : 978 2 7005 0973 1
www.assimil.com

Отпечатано на типографии Real, Румыния